ゼロから1カ月で受かる

大学入試 面接のルールブック

スタディサプリ講師
カンザキメソッド代表
神﨑 史彦

KADOKAWA

キミは
「面接官は私のことを
理解しようとしてくれる」
と勘違いしていませんか？

キミは
「素のままの自分を理解してもらいたい」
という願望を
抱いていませんか？

キミは
「模範回答を大量に暗記すれば安心だ」
と考えていませんか？

**そんなキミ、
知らず知らずに、
勝負に負けています。**

はじめに ―面接試験を甘く見ていないか?―

　大学入試では、面接試験の重要性が増しています。

　とくに、総合型選抜・学校推薦型選抜では自らの意見や理由をしっかり述べる力が求められます。

　筆記試験の結果もさることながら、受験生をさまざまな角度から評価して、大学で学ぶべき人物かどうかを大学が見定めています。

　それは筆記試験、とりわけマークシート方式では受験生にもっていてほしい学びに向かう力を見抜くことが難しく、「大学で学ぶ人物としてふさわしいかどうか」が大学側で判定しにくいという問題があるからです。

　受験生の意志を言葉で表現してもらって、直接会って、話を聞いて、合否を決めようという流れになっています。

　その代表例が、面接試験です。

　そして、面接試験を課す総合型選抜や学校推薦型選抜入試の枠を増やそうという大学が増えています。

　しかし、これほど重要な試験なのに、玉砕する受験生が多いのです。

　それは「**面接試験の準備を甘く見ているから**」。

　書類選考の準備はそれなりに時間をかけるのに、面接は書類合格のあとから準備を始めよう、けれども試験まであと1

週間。とりあえずやっつけで対策しよう。

　私から見たら、そういう受験生は「不合格候補」です。

　そもそも、面接試験は大学の先生とのコミュニケーションの場です。自分の考えを、面接会場にいる先生方と共有するのです。

　しかし、「やっつけ受験生」は機械的に話すことで精一杯。

　想定問題集を作って、暗記して……。面接会場で棒読みして、答えた気になっています。

　そして、「ちゃんと対策しておいてよかった〜」と思いながら、面接会場をあとにするのです。

　面接官が呆れていることを知らずに……。

　この本の前身となる本を刊行してから4年という月日が経ち、この『ルールブック』シリーズも3冊となりました。また、近年、オンラインによる面接試験が行われるようになりました。そこで、今回、内容のパワーアップとオンラインでの試験に対応するため、改訂版を刊行しました。

　キミが自信をもって面接会場に向かえるように、私が全力でサポートします。

一緒に頑張りましょう！

2020年10月　　　　　　　　　　　　　　　神﨑　史彦

はじめに 2

序章 面接試験の準備はＯＫか？

面接試験で欠かせないこと
1 学問への探究心をもつ 14

受験生に求められる協働性
2 指導教員や仲間を巻き込む情熱はあるか 16

試験の評価基準
3 用意周到さが合否を決める！ 18

面接試験でよく出る質問パターン
4 どの大学でも問われる「志望動機」 20

合格へと導く面接対策
5 キミの本気度を伝える「面接のＡＢＣ」 22

序章 まとめ 24

第1章 なぜキミは大学に行くのか？
A:ambition［大志を抱け!］

面接試験の最重要課題
6 本気で「志望動機」を考え抜く 28

失敗例から学ぶ（1）
7 就職にこだわる「就職予備校型」 30
8 面接官を興ざめさせる「キャリア設計丸投げ型」 32
9 ツッコミどころ満載の「キレイごと並べたて型」 34

志望動機を固める
10 探究型の志望動機を目指せ！ 36

11 合格のカギは「未来思考」 38

12 「体験」から問題・課題を発見しよう 40

13 問題・課題と学問を結びつけよう 42

14 なぜ志望大学でなければならないのか? 44

15 結局は研究者とのマッチング 46

志望動機の次に大切なこと

16 面接官の心に響く「自己アピール」 48

失敗例から学ぶ(2)

17 模範的だけれど「既視感アリアリ型」 50

18 誰でも言いそうな表現を用いる「表現解像度低下型」 52

19 言葉と行動が一致しない「現実乖離型」 54

自己アピールを固める

20 「アドミッション・ポリシー」を理解しよう 56

21 「アドミッション・ポリシー」と「長所」をすり合わせる 58

22 長所が見つからないときはどうする? 60

23 長所を表現するキーワードを知ろう 62

24 長所をアピールしよう 64

25 合格のカギは「主体性」にアリ! 66

第1章 まとめ 68

第2章 キミはどう答えるべきか?
B:build[主張を組み立てよ!]

「答える」ための準備

26 厳しい質問にも答えられる準備を! 72

失敗例から学ぶ(3)

27 すぐに本心を見破られる「ウソつき型」 74

28 言葉が躍る「知ったかぶり型」 76

29 状況が不利になるだけの「沈黙型」 78

面接官との良好な関係を築く

30 面接官を怖れてはいけない! 80
31 「厳しい面接官」を想定して準備しよう 82
32 「評価される受験生」になる3つのポイント 84

よい答え方の基本

33 面接官の意図を読み取ろう 86
34 質問に対する「意見」を述べよう 88
35 回答に対する「理由」を述べよう 90

ヤバい面接官への対処法

36 受験生が回答に困る3つのケース 92
37 詳しい説明を求められる「具体型」質問 94
38 致命傷になりかねない「迂回型」質問 96
39 真っ向から否定する「転覆型」質問 98

面接官に伝わる表現法

40 同じ返答内容でも伝え方で結果は変わる! 100
41 話すトーンやスピードが説得力につながる〈基本編❶〉 102
42 話し方の癖を把握しよう〈基本編❷〉 104
43 「間」を上手に使いこなす〈発展編〉 106

コラム 「集団面接」と「口頭試問」のポイント 108

ライバルに差をつける! 頻出質問集

〈1〉志望動機

44 学部・学科を選んだ理由 110
45 志望校を選んだ理由 112
46 興味のある教授について 114
47 入りたいゼミナール・研究室 115
48 将来の抱負と進路 116
49 10年後のビジョン 117

〈2〉自己アピール
  50 自分の長所 118
  51 自分の短所 120
  52 自分に対する他者の評価 122
  53 壁にぶつかったこと 123
  54 資格・検定について 124
  55 特技について 125
〈3〉高校生活
  56 力を入れたこと 126
  57 部活動と勉強の両立 128
  58 出身高校について 130
  59 欠席日数について 132
〈4〉大学生活
  60 建学精神について 134
  61 学業以外で取り組みたいこと 136
  62 留学について 138
  63 大学に期待すること 140
〈5〉学業
  64 得意な科目 142
  65 不得意な科目 143
  66 成績について 144
  67 授業で感銘を受けたこと 145
〈6〉推薦入試
  68 入試形式の選択理由 146
  69 アドミッション・ポリシー 147
  70 オープンキャンパスの感想 148
  71 受験に向けて準備してきたこと 149
  72 不合格だった場合はどうするか 150
〈7〉学部・学科に関連した諸問題
  73 時事問題について 151
  74 読書について 152
  75 最近読んだ本について 153
〈8〉試験の感想
  76 グループディスカッション・小論文の感想 154
〈9〉最後の質問
  77 最後に伝えたいこと 155

第2章 まとめ 156

第3章 キミは自分をどう魅せるか？
C：change［デキる自分に変わろう！］

面接試験のマナー

78 入室した瞬間からチェックされている 160

入退室の流れ

79 入室時の第一印象が合否を左右する 162
80 着席するのは面接官に促されてから 164
81 質問には飾らずに答える 166
82 退室時の印象も評価を左右する 168

高校生らしい身だしなみ

83 「見た目」で評価が変わる！ 170

高校生らしい身のこなし方

84 「表情」は心のありようを映す 176
85 謙虚な「姿勢」で面接官との信頼関係を築く 178
86 だらしない「お辞儀」はNG 180

受験1週間前からの準備

87 受験会場の下見をしよう 182

受験前日の準備

88 持ち物は前日にすべてチェック！ 184
89 食事や入浴にも気をつかう 186
90 緊張を防ぐ3つの特効薬 188

受験当日の注意

91 もう一度、持ち物をチェック！ 190

試験直前から終了後の注意

92 家に帰るまで気を抜かない 192

オンライン面接の攻略

93 事前準備（1）オンライン環境を整える 194

94 事前準備（2）画面越しに自分をどう魅せるかを意識する 198

95 事前準備（3）オンライン面接をもっとクリエイティブに 202

96 オンライン・プレゼンテーションのポイント 206

97 オンライン・グループディスカッションのポイント 214

98 自己アピール動画のポイント 222

実際の面接の様子を覗いてみよう ① 226

実際の面接の様子を覗いてみよう ② 230

第3章 まとめ 235

おわりに 237

本文デザイン／tobufune
校正／鷗来堂
マンガ・イラスト／紙島　育

序章

———

面接試験の
準備は
OKか？

面接試験で欠かせないこと

1 | 学問への探究心をもつ

そもそも、なぜ大学に進むのか

「面接試験で大切なことをひとつ挙げてほしい」と言われたら、私なら**「学問への熱い思いを語ること」**と答えます。

そもそも大学は研究する場。世の中で解明されていなかったり、答えが出ていなかったりすることを、学問のチカラで解き明かすことが、大学の使命です。しかしながら、悲しいことに多くの受験生は「学問」について、探究しようという思いがないまま大学を選ぶのです。

「この仕事に就きたい、だからこの学部へ行きたい」

ここまでは言うんです。でも、何を学ぶかは入ってみないとわからないと口にします。

そんな受験生に私はこう言いたいのです。

「いまどき、インターネットを使って調べればわかるじゃん。キミの人生なのに、なぜそこを探究しないの？」

何のために、どのような学問を探究するのか

「この大学に行きたい。とりあえず偏差値で考えると、このあたりが妥当だから」こういう受験生も多いのです。

そして、結局大学に入ってから青い鳥探しに終始します。

大学に入ってから興味ある学びを見つければいい、と反論

する人もいるでしょう。

しかし、私はあえて言います。

「では、何のために大学は学部・学科別に学生を募集するのですか？　入学前にそれを吟味すべきではないですか？」

そんな学問への意識の低い大学生を生んでいいのですか？

キミはそんな大学生になりたいのですか？

だから、私はキミに尋ねたいのです。

「何のために、大学でどのような学問を探究したいのですか？」

学問に対して探究心をもっていない受験生は、そのことをテクニックや美しい言葉で覆い隠そうとします。要は、ウソをつくことになるのです。そんなウソ、百戦錬磨の教授陣には見抜かれます。

探究したい学問を具体的に語り、その目的（志）をもつ受験生は、絶対に面接で勝てます。

学問へのマインドセット（考え方の枠組み）ができている者が、面接試験を制するのです。学問をどれだけリスペクトし、愛せるか。ただ、それだけなのです。

受験生に求められる協働性

2 | 指導教員や仲間を 巻き込む情熱はあるか

大学は協働の場

「こういう学問を究めたい！」という気持ちが高ければよい わけではありません。それだけでは足りないのです。

そもそも、学問の探究は一人でできるのか、ということで す。大学は協働の場でもあります。

世の中に潜む難題をたった一人の大学生だけで解き切るこ とはできません。協力者がいて、初めて成り立つものなので す。

研究室やゼミナールでは、チームを組んで、お互いに切磋 琢磨していきます。その成果を指導教員に見てもらい、支援 を受けながら、謎を解き明かしていきます。

ときには外部の機関や企業と連携し、共同でプロジェクト を行うことがあるかもしれません。

結局、**キミが学問を探究するためには、多くの人々とかか わりあわなければなりません。**それだけ、キミが追うヤマは 大きいわけです。

だから、**「自分が好きなことをすればいい」という考えが ある限り、キミは学問を探究できないのです。**正確に言えば、

序章　面接試験の準備はOKか？

キミに協働性がないかぎり、指導教員も仲間たちもキミを救えないのです。

学問に対する熱い思いが生み出す協働性

だから、「好きなことをすればいい」という気持ちだけで志望する受験生は大学に受け入れがたいのです。学問の進展が望めないから。

せっかく受け入れるならば、研究課題にともにコミットしたいと思える人を積極的に採りたくなるものです。

ただ、こうした協働性を「空気を読むこと」「みんなと仲良く」と捉えないでほしいのです。

ここでいう協働性とは**「キミの探究心の強さによって、指導教員や仲間を巻き込む」**ということ。「もっと知りたい」「誰かの役に立つのだ」というキミの探究心と志の強さが、人を引き寄せます。

学問に対する熱い思いが、他者の心を動かすのです。

17

試験の評価基準

3 用意周到さが合否を決める!

採用基準は千差万別

　面接試験は面接官の心に訴えかけるものです。

　しかし、入試である以上、面接官の評価に主観性を持ち込むわけにはいきません。

　したがって、大学側は採用基準を決めて、試験に臨みます。この基準が、大学によって千差万別です。

❶ オーディション型面接

　ある大学では、合否の決定権を面接官に委ねています。「この受験生を採りたい!」と思えたときだけ合格にするという取り決めをするわけです。

　そういう場合は、できるかぎり緩やかに評価基準を設計しておきます。試験直後に面接官が話し合い、即決で合否が決まることもしばしば。才能のある受験生を面接官の判断で選ぶ形式が、オーディションに近いですね。

　こうした方法を採るので、募集人数も「若干名」などと表記することが多い傾向にあります。

❷ コンペティション型面接

　一方で、評価基準を細かく決めている大学もあります。受験生を評価する項目を決め、レベルの目安を数段階に分けて

文字にし、その項目を達成しているかどうかの評価をします。**試験後、評価をもとに教員が話し合い、どの受験生を合格させるかを決めます。**いわゆるコンペティション（複数の受験生を評価し、競い合わせ、優れた人を選ぶ）の試験形態です。

　運用のしかたによっては、ある一定水準を大きく超える受験生であれば積極的に合格させ、水準に近い受験生を吟味する、というやりかたもできます。

熱意と志、そして周到さが必要

　しかし、どういった方法で面接が行われるのかは公表されていないことが多いものです。こうした**ブラックボックスの存在が、面接対策を軽視する受験生を生む**のです。

　でも、キミはそうであってはなりません。

　学問への探究心と志をもち、面接官に訴えかければ、オーディション型面接には勝てる。しかし、コンペティション型面接では項目ごとに高い評価を受ける必要があるので、評価項目を想定した対策が必要となるのです。用意周到に「どうすれば合格できるのか」を考える戦略性も欠かせません。

　学問に対する熱意と志、そして周到さが、合格のカギなのです。

面接試験でよく出る質問パターン

4 | どの大学でも問われる 「志望動機」

面接で問われる質問トップ10

　全国の大学の入試問題を分析してみると、どのような質問が多いのかもわかります。質問内容について、ランキングをつけてみました。

　第1位　志望動機

　第2位　自己アピール

　第3位　高校生活

　第4位　大学生活

　第5位　学業について

　第6位　推薦入試受験について

　第7位　学部・学科に関連した諸問題・ニュースについて

　第8位　最近読んだ本

　第9位　試験の感想

　第10位　最後に伝えたいこと

（カンザキメソッド調べ）

質問される内容はそれほど変わらない

どの大学でも必ず問われるのは「志望動機」。学部・学科を選んだ理由、興味ある教授やゼミナール、志望校を選んだ理由、将来のビジョンについてなど、いろいろな角度で斬り込まれます。場合によっては志望動機しか問われないということも起こります。

しかも、半数以上の大学で最初の質問として問われます。最初の質問は第一印象を左右するため、慎重に準備をしておく必要がある、面接合格の戦略としても重要な質問です。

その次に尋ねられるのは「自己アピール」。長所や短所、趣味、資格・特技を説明することが多いようです。場合によっては「自分に対して、他者はどう評価していますか？」といった他者評価が求められたり、「壁にぶつかったとき、どう対処しますか？」などといった質問があったりします。

第3位は「高校生活」。部活動や印象に残っていることを尋ねられます。なかには「力を入れたことは何ですか？　そこから得たことを大学でどう生かしたいですか？」など、高校での体験をメタ化（自分を客観的に見ること）して、その能力をどう大学で使いたいか、といった高度な質問も投げかけられます。

ただ、さまざまな大学の質問内容を眺めていると、どの大学であっても、質問される内容はあまり変わらないことに気づきます。

合 格 へ と 導 く 面 接 対 策

5 | キミの本気度を伝える 「面接のＡＢＣ」

面接の質問の３つの目的

　なぜどの大学も同じような質問を投げかけるのでしょう
か。それは、大学側が知りたい事柄が似たり寄ったりだから
です。

　・本気で志望しているかを知りたいから
　・大学での学びに耐えられるかどうかを知りたいから
　・本気で学問に向き合おうとしているかを知りたいから

　要は、大学志望への本気度を知りたいのです。
　しかし、その本気度を勢いや熱意だけで伝えようとしても、
面接官に響きません。
　面接試験の最大の戦略は「大学入学に対する意識を根本か
ら変えること」です。「なりたい自分」を探究すること。キ
ミの心のなかの「大学」や「学問」のイメージを変革するこ
と。そして、積極的にそれらにコミットすること――。
　それがわかったキミは、他の受験生の思考を超えています。
　ライバルを超える自分になる。意識高い系を目指す。きっ
と、その先にしか「未来のキミ」は描けません。

序章　面接試験の準備はOKか?

面接の3つのポイント「ＡＢＣ」

そこで大切なのは、以下の3つ。

- **何のために、どんな学問を探究したいのか**
- **そのために仲間を巻き込むことはできるのか**
- **他者からの「評価」という世界で、どう立ち回るのか**

この3つを満たすために、カンザキの長年の指導経験に基づいて築き上げた**「面接のＡＢＣ」**を伝授します。

第1章から、ＡＢＣを丁寧に紹介していきます。この3ステップを着実に踏んでいくことで、キミの思い（マインド）と力（スキル）が育っていくように設計しています。

また、各章の冒頭にはマンガ、章末には「まとめ」を掲載しています。読み方は次のとおりです。

❶ マンガで章の全体像をおおよそ把握する
❷ 文章を読み進める
❸ 読み終えたところで「まとめ」のチェックリストを用いて学んだことを思い出す
❹ 「問題」に取り組み、自力でまとめ直す

チャートにしたり、イラストを添えながら説明したりするなど、自由にまとめ直してみてください。箇条書きでも、単語をまとめるだけでもＯＫ。こうした「想起」「まとめ」のサイクルによって、記憶が定着しやすくなります。

私を、キミ自身を信じて、最後まで格闘しましょう！

23

序 章 　 ま と め

☐ **探究したい学問**を具体的に語り、その**目的（志）**をもつ受験生が勝つ。

☐ 探究心の強さをもとに、**指導教員や仲間を巻き込む力**がほしい。

☐ 面接の形式を2つに分けると、**オーディション型**と**コンペティション型**がある。

☐ 面接官に学問への探究心と志を訴えかければ、**オーディション型面接**には勝てる。

☐ **コンペティション型面接**では、評価項目を想定した対策が必要だ。

☐ 面接試験で問われる質問として多いのが、「**志望動機**」「**自己アピール**」。

☐ どの大学も同じような質問を投げかけるのは、**大学志望への本気度を知りたい**からだ。

❗ 問題 序章で学んだ事柄を、絵や図にしてまとめましょう。

第1章

なぜキミは
大学に
行くのか？

A：ambition
[大志を抱け！]

第1章　なぜキミは大学に行くのか？

面接試験の最重要課題

6 | 本気で「志望動機」を考え抜く

面接で最も質問される項目は「志望動機」

「志望動機を制する者は、面接を制す」といわれます。そして、最も問われる質問は、志望動機。だから**「なぜキミは大学に行くのか？」**という問いに向き合うことを最優先にしましょう。

「面接のABC」では、まずはじめに

ambition（大志を抱け！）

のとおり、大学へ進学することに対してマインドセットをしてほしいのです。

志望動機で本気を示す

そもそも、なぜ志望動機が最も問われるのでしょうか。理由はシンプル。**受験生の本気度がわかるから。**

本心から「この大学へ行きたい！」と思っている受験生は、本音で率直に答えるし、自信をもって回答してきます。そうでない受験生は、回答の節々にその姿が見え隠れします。ウソ、矛盾、思考の浅さ、論理の飛躍、一貫性のなさ……。

この姿は、大学側に確実に伝わります。

第 1 章　なぜキミは大学に行くのか？

　だから、ここで本気になって志望動機を考え抜きましょう。苦しいかもしれないけれど、この苦労が必ずキミを合格に導いてくれます。そう信じて、頑張ってほしいです。

志望動機の2つのポイント

　志望動機で語るべきことは、以下の2つ。

❶ なぜ志望学部・学科・コースを選んだのか
❷ なぜ志望大学を選んだのか

　まずは、面接で失敗してしまった回答を見てもらうことにします。
「自分ではしっかりと志望動機を答えたはずなのに、なぜか不合格になってしまった」
　そんな受験生を数多く見てきましたが、大体パターンは決まっています。
　まずは、キミの先輩たちがどういう「失敗」をして、砕け散ったかを見てみましょう。きっと教訓が得られるはず。
　さて、これからどんな失敗が出てくるでしょうか。想像してみてください。

失敗例から学ぶ (1)

7 就職にこだわる「就職予備校型」

「就職のために大学へ行く」はNG

パターンの1つ目は、「就職予備校型」。

失敗例

Q あなたが、わが大学を選んだ理由を教えてください。

A 就職しやすい大学だと伺ったからです。資格取得のサポートが万全で、取得率も100%だと聞いています。

Q あなたはなぜこの学部を志望したのですか。

A 将来のつぶしが効くと聞いたからです。法学部であれば、いろいろな就職の出口があるからです。

　大学はあくまでも学びの場、研究の場です。たしかに就職と結びつけたくなるのはわかりますが、**「学ぶこと」を第一義にしていない回答はいかがなものか**、考えてほしいです。

「学ぶこと」を最優先に考えない受験生

「就職するために大学に行く」などと、就職への意識が強すぎるパターン。大学は学びの場なのに、こうした主張が強いと「何のために大学に行くの？　大学は就職予備校ではないよね？」と問われてしまいます。

「私は簿記の資格を取るために、商学部を志望しました」
　資格が取りたいなら、資格試験予備校に行けばいい、という反論が待っています。

「大学に入ると、就職先の選択肢が増えるからです」
　現実としては真っ当なことを言っているけれど、大学で何を学ぶつもりなのかと問われたらどうしましょうか。

「教員免許を取るために、大学に入りたいです」
　そのとおりだけれど、大学で何か探究したいことはないのかな、教育学にかかわることを学びたいという気持ちはないのでしょうか。

　大学で何を学びたいのか、大学側はそれを確認したいのに……。それを伝えられないような志望動機は、果たして共感を得られるのでしょうか？

失敗例から学ぶ（1）

8 | 面接官を興ざめさせる「キャリア設計丸投げ型」

主体性のなさはマイナス評価になる

2つ目のパターンは、「キャリア設計丸投げ型」です。

失敗例

Q わが大学に入学したら、どうしたいですか。

A それは入学後に考えます。いろんなことを学んで視野も広がると思うし、そのときに「やりたい」と思うことが出てくることを期待します。

Q あなたは経営学について学びたいと言っていますが、大学入学後には何を、どう学びたいですか。

A 実際に入学したあとにしか学びについてはわからないと思うので、そのとき考えます。

そもそも、キャリア設計とは「自分自身の人生を自分の力で主体的に決めること」です。これらの回答は、それを怠っているように見えます。

そもそも大学で何を学びたいのか？

「大学に入って、あとで学びを考える」などと、入学後にいろいろ決断したいと述べるパターンは避けなければなりません。学部・学科を決める以上、**「何を学びたいのか」は明らかであるのが総合型選抜・学校推薦型選抜の大前提**。それを

32

決めずにいる態度が見えた瞬間に、面接官は興ざめします。

「大学に入って、学ぶことを決めたいと思います」

…それは「何も決めていない」ということですよね？

では、何のために入学前に学部や学科を選ぶのでしょうか。たしかに「リベラルアーツ学部」などという教養を広める目的の学部もありますが、それでも「大学で何を学びたいのか」という目的意識をはっきりもっていないと、科目選択に困ると思うのですが……。

「○○学に関して、大学に入っていろいろ学びたいです」

学部・学科の学びは、いまどきwebを使って調べられます。調べればわかることを調べずにいる受験生に、誰も積極性を感じませんよね。

たしかに大学を「自分探しの場」として捉える向きもあります。しかし、**大学進学の時点で学部・学科・大学を選ぶ以上、大学でやりたいことは明確にすべき**ではないでしょうか。

それを考えず、自分の人生設計に責任が負えない受験生の姿を大学側が見たら……。行く末が不安になるでしょうね。

失敗例から学ぶ（1）

9 | ツッコミどころ満載の 「キレイごと並べたて型」

模範的な回答に聞こえるけれど……

3つ目のパターンは「キレイごと並べたて型」。

失敗例

Q　あなたは大学入学後、何を学びたいのですか。

A　総合政策学部で問題を見つけ、解決するような学び
　　を得たいです。起業したいので、ソーシャルイノベー
　　ションを起こせるような人になりたいです。

Q　なぜわが大学を選んだのですか。

A　「自由と進歩」という貴学の理念に共感したからで
　　す。刑法学や民法学、憲法学の授業を受講し、リー
　　ガルマインドを養いたいと思います。

　高校生としては模範的な回答をしているように見えます
が、実はその言葉に具体性がないパターン。合格しそうな回
答を述べようと、カッコいいフレーズを選んで話すと、面接
官は「えっ、その内容、具体的に説明してみてよ」と問いた
くなってしまいます。しっかり答えられればよいのですが
……。

言葉に重みのない回答はNG

「○○学部で問題を見つけ、解決できるように学びたいです」

　問題って何？　何を解決したいの？　何を学ぶの？　問題発見と解決という視点は大切なのはわかります。表現もキレイなのですが、どこか表面的。いったいキミは何をやりたいのかな？　ボンヤリした回答に面接官の頭のなかは「？」だらけになってしまいます。

「自由な校風に惹かれ、○○学や○○論を受講し、科学の探究を通して社会的使命を担う人材になりたいです」

　あれ？　このフレーズ、パンフレットを丸写ししただけではないですか？

「ソーシャルイノベーションを起こすために、スタートアップでIPOを目指します」

　カタカナ語や専門語句を使いまわすのはいいのですが、意味を理解して言っているのかはわかりません。そういう言葉には必ず突っ込みが入ります。

　もしかしたら、**「大学入学の目的のゆがみ」「学問をリスペクトする姿のなさ」「虚栄心」が志望理由をゆがませている**のかもしれません。一つひとつの言葉の重みを感じさせない回答。意味もわからない言葉を振り回す受験生。大学側にはどう映るのでしょうか？

志望動機を固める

10 | 探究型の志望動機を目指せ！

大切なのは、キミの経験からの「気づき」

大学はそもそも研究の場。世の中で解明されていないことや解決していないことを、学問（科学）のチカラで解き明かす場。だから、次のことが言えるようにしたいですね。

・キミは自分の経験から、どういう問題や課題を見出したのだろうか
・問題や課題を、どういった学問のチカラを通して解き明かしたいのだろうか

いままで生きてきたあいだに、いろいろな経験を重ねているはずです。そのなかで「あれ、これは何で起こるんだろう？」「なぜこれは問題になるんだろう？」と、心にひっかかることがあるはずです。

そうした気づきが、探究心の種になります。
この種をもとに「もっと知りたい」「どうなっているんだろう」とどんどん調べ、さらに考えると、新たな謎が生じる。そうしたら、さらに疑問を抱き、調べ、考えます。
気づきを掘り下げていけばいくほど、科学の世界ですでに解決済みなのか、そうでないのかがわかります。

第 1 章　な ぜ キ ミ は 大 学 に 行 く の か ？

探究型志望動機の構築メソッド

　志望動機をまとめるなら、より効果的に表現したいもの。そのときに準備しておきたいのは以下の２つです。

❶ 学部・学科の選択理由

　Ⅰ 私はこういうプロジェクトを学部・学科で実行したい

　Ⅱ このプロジェクトには、こういう「知」を生み出すという意義がある（だから、学部・学科でこういうプロジェクトを行いたい）

❷ 大学の選択理由

　Ⅲ このプロジェクトを実行するためには、こういう学問の修得や教育、環境や支援者が必要だ

　Ⅳ 志望校では、このプロジェクトがこう実行できる（だから志望した）

　私の経験上、職業ありきで無理に逆算すればするほど、問題・課題の本質、そして学問と向き合うことから逸れてしまいます。こうした職業から逆算して大学の学問を捉えることは、もうやめましょう。

　大学での学問探究の延長線上に、職業を位置づけることを勧めます。なお、試験までに時間のある受験生はシリーズ本『志望理由書のルールブック』も読んでおいてください。志望動機の練り方、書き方を詳しく説明しています。

志望動機を固める

11 | 合格のカギは「未来思考」

大学卒業後数年のビジョンでは不十分

　学問を愚直にリスペクトすることが、「探究型志望動機の構築メソッド」の最大の武器です。

　しかし、多くの受験生は超短期的視点で大学や学部を選びます。この仕事に就きたい、これを学びたい、とは言うけれど、「2050年、どういう世界でどう生きていたい？」と尋ねられて答えられるのか、というと……。

　キミが生きる未来には、さまざまなリスクが待っています。

　AI（人工知能）が人間の脳を越える時代になり、人間の仕事が奪われるかもしれません。技術的特異点（シンギュラリティ）ともいわれます。科学技術の進展は止まってしまうの？　仕事がAIに奪われるの？

　人口減少が続き、高齢者までもが減少し、日本経済が縮小していくかもしれません。日本経済はどうなる？

　経済の中心がアジアやアフリカ地域になるかもしれません。一方で、グローバル化が進み、諸外国の優秀な人々が日本にやってくる可能性もあります。労働環境はどうなる？

　限界集落とともに消滅都市が生まれるかもしれません。地方自治はどうなる？

　気になる人は、「未来年表」（https://seikatsusoken.jp/

futuretimeline/）というサイトで、将来の予想図を見てみましょう。

たしかに「そんな先のことなんて考えても無駄さ」と思考を停止させる人もいます。しかし、そういう人は大学卒業後数年のビジョンしか描いていないのです。私はそうした超短期的視点はお勧めしません。

大学での学びを将来どう生かすか？

だから私は「未来思考」をお勧めします。未来を見つめて、大学や学部を選びましょう。

キミが保護者の方と同じくらいの年齢になったとき、今と同じような社会が待っているとはいえません。こうした将来起こり得る問題や課題を、キミは大学の学びを活用してどう解決し、人生を歩みたいのでしょうか。

このように未来のリスクを見据え、どう行動するのかを思考することを「未来思考」といいます。

大学での学びを、将来の仕事にどう生かすべきかを考えましょう。もし職業がなければ、自分で仕事を作ってしまえばいいのです。そうした起業家という選択だってあっていいのです。

今ある職業の多くは消えてしまうといわれています。そうしたなかで、今ある職業のなかから仕事を選ぶ意味は本当にあるのでしょうか。もっと批判的に捉える必要がありますね。

志望動機を固める

12 | 「体験」から問題・課題を発見しよう

これまでの人生の「体験」を振り返る

　それでは、大学で学びたいことを本気で考えてみましょう。まずはキミの体験を振り返ることから始めます。いうなれば「草の根作戦」の実行です。

　キミは今までの人生のなかで、さまざまな体験をしてきたはずです。学校の授業、学校行事、部活動、ボランティア、探究活動、恋愛、家庭生活、読書、ネット、ゲーム……。すべてが学問の対象となります。

　今までの人生を振り返り、

「これ、興味あるんだ」
「こんなこと、楽しかった」

　そんな出来事を探してみましょう。その体験や経験が、学問への入口になります。

　そして、その経験をよく見つめてみましょう。別の立場の人から見れば、それは問題・課題かもしれません。
　だから、興味があることについて、とことん調べてみましょ

40

う。調べつくすと、専門家ですらわからないことが自ずと出てきます。

それこそが**「解明・解決できていないこと」**なのです。

未解明・未解決のことから学びたい学問を考える

「解明」「解決」できていないことを見つけたら、それを**「なんでだろう?」**と思うことが大切です。

そして、こう考えてみましょう。

「どうすれば解明できるんだ?」
「どう解決すればいいんだ?」

そうしたら、それを**「どんな学問で解明・解決できるのか」**につなげていきます。

志望動機を固める

13 | 問題・課題と学問を結びつけよう

突破口を開く3つの方法

いまどき、インターネットで調べ続ければ、問題・課題を学問のチカラでどう解決すべきか、何らかのヒントが出てきます。

ここで使いたいのは、次の3つ。

❶ 検索エンジン（Google、Yahoo!Japan など）
❷ 論文検索サイト（CiNii など）
❸ SNS（Twitter など）

❶ 検索エンジン

問題・課題にかかわるキーワードと、関連しそうな学問を組み合わせ、検索してみましょう。

たとえば「スポーツ　怪我　関節　体育学」「女性　社会進出　福祉学」「遺伝子　医療　応用　生命工学」のように。

そうすると、関連するサイトがリストアップされるので、一つひとつ目を通し、情報収集に努めましょう。

❷ 論文検索サイト

論文検索サイトも便利です。

大学の先生方をはじめとした研究者は、論文を書いて、研

究成果を発表します。国立情報学研究所が提供している論文サイト「CiNii」では、こうした論文が検索できます。

CiNiiを使い、問題・課題にかかわるキーワードを入れて検索すると、関連する論文のリストが新しい順に出てきます。収録されている書籍名がわかるので、図書館などで探すことができます。なかにはPDFですぐに見ることができる論文もあるので、活用するといいですね。

❸ SNS

検索エンジンは広告があったり、検索に引っかかりやすいようにサイトを工夫しているサイトオーナーも多いので、情報収集がしにくいこともあります。

「新しい情報がほしい」「リアルなコメントを見たい」と思ったときは、SNSを使って検索するのもアリ。

こうした調査を地道に行うと、「この問題や課題は、この学問と結びつくんだ」という気づきがたくさん生まれます。

もしかしたら別の学問との意外な出合いもあるかもしれません。**恋愛も、学問との運命的な出合いも、こうした積み重ねが大切**なのです。こうして、①学部・学科の選択理由と②大学の選択理由を明確にしていきます。

志望動機を固める

14 | なぜ志望大学でなければ ならないのか?

まず目を通したいのが「カリキュラム」

キミが抱く問題・課題と、学問との結びつきが明らかになったら、「**その学問が志望大学で学べるか**」を確認しましょう。このツメがとても大事。

志望大学のパンフレットを手がかりに、大学のホームページで授業の中身を見て、解決の糸口を探ってみましょう。

カリキュラムには、何年次(何回生)のときに、どういう科目を履修するのかが書かれています。そのなかから、問題・課題解決にかかわる科目をチョイスしましょう。

次に「webシラバス」

多くの大学のホームページでは、講義の概要をインターネットで検索できるようになっています。

カリキュラムでチョイスした科目を、webシラバスを使って調べると、どういう目的で、どんな流れで、どういう内容の講義をするのかがわかります。

これを地道に調べ続けて、「この科目を履修すれば、問題・課題がこう解決できそうだ!」というものをいくつか見つけてみましょう。

44

大学の先生に直接話を聞いてみる

オープンキャンパスで、先生や学生に話を聞いてみることも有効です。「私はこういう研究をしたいのですが、役立ちそうな授業やゼミナールをご紹介いただけませんか」などと尋ねてみましょう。実際に教えていたり、学んでいたりする人の判断のほうが正しいことも多いものです。

こう書くと、「オープンキャンパスに必ず行かなきゃいけない！」と思う受験生もいるかもしれません。そう思い込むのではなくて、もっと気軽に動いてみましょう。今の時代はSNSをやっている先生も多いです。SNSやホームページ経由で興味をもった先生にどんどん話を聞いてみましょう。

この調査は、志望動機の合格の精度に大きくかかわります。**大学側は「この受験生が望むような学びの環境を提供できるか」**ということを見ているからです。

カリキュラムや授業の内容がわからないまま志望動機を述べると、「話としては伝わるけれど、うちの大学では学べない」と判断されることもあります。これはリスキーです。

「調べない」ことはリスク

いまどきはインターネットでの調査も簡単にできるし、オープンキャンパスに情報収集にも出かけられます。

「調べないほうが悪い」という雰囲気もできつつあります。

ここは手抜きすることなく、しっかりと調べましょう。

志望動機を固める

15 | 結局は研究者とのマッチング

大学入学は「弟子入り」

　私が志望動機について指導するときには、いつもこう言っています。

「キミは大学の『先生』に弟子入りするんだ」

　大学は「人」でできています。研究施設や設備はあくまでもハコ。優秀な先生方が日々研究を重ね、未知なる課題に取り組んでいるのが、大学なのです。

　キミは研究課題をもっているのですから、そうした方々からの教えを受け、自らの課題を解決しに大学へ行くわけです。だから**大学の先生に対して「ラブメッセージ」を送る**つもりで志望動機を考えればよいのです。

　そのためには、「先生」について、しっかりと知っておかなければなりません。「研究室やゼミナールのホームページ」をよくチェックしておきたいですね。担当する先生の研究内容をよく見ると、キミの問題・課題を相談できるかということもわかります。

　これらを「オープンキャンパス」「学校説明会」で聞いてみるのも手。個別相談の窓口で、大学の先生に質問してみましょう。

「私はこういう問題・課題を解き明かすのに、こういう学問を究めたいと考えています。こちらの大学なら、どの先生の、どういう授業・研究室・ゼミナールで学べますか？」

そこで引き出した情報をメモして、大学選択の理由を整理しましょう。

志望動機を整理する

そのときに「この研究室やゼミナールなら解決できそう！」と思えたら、志望動機として整理してみましょう。

❶ 学部・学科の選択理由

Ⅰ 私はこういうプロジェクトを学部・学科で実行したい

Ⅱ このプロジェクトには、こういう「知」を生み出すという意義がある（だから、学部・学科でこういうプロジェクトを行いたい）

❷ 大学の選択理由

Ⅲ このプロジェクトを実行するためには、こういう学問の修得や教育、環境や支援者が必要だ

Ⅳ 志望校では、このプロジェクトがこう実行できる（だから志望した）

これらをじっくりと考え、深め、自信をもって言えるようになったら、きっと大学が「ぜひ、わが大学に入学してほしい！」とキミのことを受け入れてくれるはずです。

志望動機の次に大切なこと

16 | 面接官の心に響く 「自己アピール」

自己アピールで人材像を確かめている

　志望動機に次いで質問されるのは、**自己アピール**。

　面接試験は受験生と面接官とが初めて直接会う場です。だから、面接官は受験生のことを知りたくなるものです。しかし、漫然と自己アピールをしても、面接官には響きません。

　自己アピールは選抜のための材料として用いられているということを、忘れてはなりません。

　大学側は入学者の受け入れ方針（「求める人材像」「アドミッション・ポリシー」などと呼ばれています）に合った人物であるかどうかを、自己アピールで確認しようとしています。**大学に合っていることが自己アピールで表現できない限り、高い評価は受けられない**ということです。したがって、自分の長所を好きなように論じるわけにはいきません。

　自己アピールは自分を売り込むために語るのですから、大学側の眼鏡に適う人物であることを見せるための工夫をしなければなりません。思うがままに自らの長所をアピールしても、大学側には認めてもらえません。

　だから、自己アピールについても考え抜きましょう。

48

自己アピールの2つのポイント

　自分を見つめる作業は大変ですし、手間もかかります。でも、自分のよさが見えてきた瞬間に、自分自身を肯定できるようになります。なお、自己アピールで語るべき要素は、以下です。

❶ アピールポイント
　Ⅰ Core Identity
　Ⅱ アドミッション・ポリシーとの整合性
❷ 成長物語
　Ⅲ 過去の成長物語
　Ⅳ 未来に向けた成長プロジェクト

　Core Identity とは、自分の軸やよりどころになるような、大切にしている価値観を指します。「Ⅲ 過去の成長物語」「Ⅳ 未来に向けた成長プロジェクト」とは、自分の過去の体験から学んだこと、そして、その経験を経て今後どう成長していきたいか、を示すことです。そしてⅢ、Ⅳには必ずキミのCore Identity が表れているはずです。「あなた自身がこれまで経験し、成長したこと、今後どんな風に成長していきたいか」(Ⅲ・Ⅳ)を、Core Identity とアドミッション・ポリシーとの整合性を示すかたちでアピールするのです。

　自己アピールについても、問題がたくさん含まれている失敗例を見てみましょう。

失敗例から学ぶ（2）

17 ｜ 模範的だけれど 「既視感アリアリ型」

「どこかで聞いたことがあるな」と思わせる回答

　自己アピールを数多く見ていると、ガッカリするものが続出することがあります。志望動機と同様、失敗を犯した先輩の回答を見てみましょう。

　パターンの1つ目は、「既視感アリアリ型」です。

失敗例

Q あなた自身のことをアピールしてください。

A 私は部活動のリーダーとして、部員を引っ張ってきました。部員がまとまらなくて悩んだこともありましたが、夏の大会で成果が出て、よかったと思っています。

　この回答、「あれ？　どこかで聞いたことがあるな」と感じませんか？

　受験生に自由に自己アピールをしてもらうと、多くはこういう回答になりがちです。どこかの（しかも、キレイごとが大好きな）優等生が述べたような回答。**模範的に見えますが、どこか表面的で、思考した跡が見えません。**

　加えていうと、よくいるのが誰かの回答例をパクる受験生。参考書やどこかの塾・予備校の回答をそのまま答えてしまう

のです。

　よい回答を参考にするのは悪いことではありませんが、そのままパクろうとするのはよくありません。それは、**道徳の問題というよりも、不合格のリスクが高まる**からです。

面接官は学習参考書にも目を通している

　面接官は数多くの受験生の回答を聞いてきたプロです。

　彼らの心のなかを覗いてみると……「また同じような回答だ。つまらん」。

　勉強熱心な面接官だと、キミが手に取っている本書のような学習参考書にも目を通しますから、「この回答、見たことあるな？」と内心思いながら、キミの回答を聞いているわけです。

　この時点でマイナスの印象をもたれ、評価にも悪影響を与えかねません。

　オリジナリティのない自己アピールで、本当に面接官に共感してもらえるのでしょうか？　面接さえ切り抜けられればいいという考えは、浅はかではないですか？

失敗例から学ぶ（2）

18 | 誰でも言いそうな表現を用いる「表現解像度低下型」

「ほかに表現はないか」を考える

パターンの2つ目は、「表現解像度低下型」。

失敗例

Q あなたの長所は何ですか。

A 私の長所は明るいところです！

A リーダーシップを取ってきました！

A まじめなところです！

A スポーツが得意なところです！

A 我慢強いところです！

A コツコツと努力を積み重ねるところです！

これらは「既視感アリアリ型」にも当てはまりますが、私が気になるのは**「表現の解像度が粗いのではないか？」**というところです。

私なら、ほかに表現がないのか、差別化が図れるような言い方はないのか、という思考がはたらくのですが……。

キミの長所をもっと掘り下げよう

「明るさ」「リーダーシップ」「真面目さ」というキーワードは、たしかにキミの特徴かもしれません。でも、それらは人によって様子は異なるはずです。たとえば「明るさ」であっても、人前で目立つような明るさもあれば、困っている人を隣で支えてほほ笑むような明るさもあります。同じ「明るさ」でも個性があるのです。

もっと掘り下げれば、人にはない長所が表現できるかもしれないのに……。

大学は現象を科学で捉える場です。目の前の現象から、その背景にある原理や原則を探ります。そのときに、その現象を細かく観察し、原理や原則の糸口を見つける目が必要です。自己アピールは自分自身を「現象」として捉えたとき、「いつ」「どこで」「どんな人に」「どのように」「なぜ」と、どういう特性があるのか、問いかけてほしいです。

失敗例から学ぶ(2)

19 | 言葉と行動が一致しない 「現実乖離型」

信憑性に欠ける回答は不信感につながる

パターンの3つ目は、「現実乖離型」です。

自分のことをアピールするわけなので、どこか背伸びをしたくなる気持ちはわかります。でも、**あまりに現実とかけ離れた回答は、面接官に不信感を抱かれます。**

失敗例

Q あなたの長所は何ですか。

A 私は何事にも努力します！

A グループのムードメーカー役です！

A 礼儀正しさを大切にしています！

A 誰とでも仲良くできるところです！

「私は何事にも努力します！」……あれ、学業成績悪いな。努力してないじゃん！

「グループのムードメーカー役です！」……いや、めちゃくちゃ暗いんだけど……。

「礼儀正しさを大切にしています！」……何だよ、その座り方とお辞儀の仕方、雑だなぁ。

「誰とでも仲良くできるところです！」……本当に？　いろいろと難癖をつけてくるオジサンとも仲良くできますか？

第1章　なぜキミは大学に行くのか？

　つまり、言っていることと、やっていることが嚙み合わない。それは信憑性に欠ける回答に見えてしまいます。

　人によって価値観も、捉え方も違うのはわかるけれど……。

第一印象をくつがえすのは難しい!

　人は「この人、ウソをついているかも？」と疑念を抱いてしまうと、その印象を拭い去ることは難しいものです。

　しかも、試験時間はごく短い時間。その間に第一印象を変えることはできないと考えたほうがよいでしょうね。

　キレイごとを口先で並べるのはいいのですが、それが実を伴わないのであれば、面接官が不信感を抱いても仕方ありません。キミならば、そういう人を信用できますか？

自己アピールを固める

20 | 「アドミッション・ポリシー」を理解しよう

「大学が求める人材像に合っているか」を見ている

　大学はアドミッション・ポリシー(求める人材像)を掲げ、「こういう学生がほしい！」と告知しなければなりません。入試、とりわけ面接ではそのポリシーに合っている人物かどうかを見極めようとしています。

　だから、**面接官は自己アピールの内容をもとにアドミッション・ポリシーに合っているかどうかを判断している**のです。

　決して受験生の「いいところ探し」をしているわけではありません。

　本学では，先に掲げた教育目標，学位授与の方針に照らして，次のような意欲と能力を備えた学生を受け入れる。

1. 入学後の修学に必要な基礎学力を有する者。
2. 自ら考え，判断し，表現する一定の能力をもち，その能力をさらに高める意欲をもつ者。
3. 主体性を持って多様な人々と協働しながら学び，議論することで，知を深めていこうとする能動的な姿勢をもつ者。
4. グローバルに視野を広げ，国際的な知識と表現力を獲得することに能動的である者。

　　　　法政大学『学生の受け入れ方針（アドミッション・ポリシー）』より

第1章　なぜキミは大学に行くのか？

　このようなアドミッション・ポリシーであれば、以下のような観点から長所を述べると評価されやすいということです。

- 創造する意欲をもって、何度も失敗しようともチャレンジし続けることができる。
- 学問の探究をとおして、自己や世界の発見に取り組もうとしてきた。
- 自己の知識や能力をどう社会に役立たせたいかを明確にしている。

　ましてや、自分の実績自慢、長所自慢に終始したところで、的外れなのです。

　アピールすべきポイントは**「アドミッション・ポリシーに合っていること」**。いかに大学が求める人材に適っているか。面接官に伝えるポイントは、ただひとつです。

自己アピールを固める

21 「アドミッション・ポリシー」と「長所」をすり合わせる

長所を効果的に伝える2つのステップ

　面接官にアドミッション・ポリシーに合っていることを示すわけですが、せっかくのアピール機会なので、自分のよいところも売り込んでしまいましょう。

　つまり、このように示すのです。

「私の長所はこういうところです。その長所は、貴学のアドミッション・ポリシーである○○と合っています」

　長所を効果的に伝えるためには、次のような手順を踏んでいくとよいでしょう。

　❶ キミの長所を数多く挙げてみる
　❷ そのなかからアドミッション・ポリシーに合ったものを選ぶ

　たとえば「幼児教育の理解と実践を通し、社会を担う子どもたちの健全育成に努めようとする人材を求めます」というアドミッション・ポリシーの場合は、以下のように長所を選んでいきます。

- 対話能力をもつ　　○（幼児教育では子どもとの対話が大切）
- 挨拶を欠かさない　△（それは社会人として当然のこと）
- 正義感がある　　　○（子どもに何が正義かを伝えるのは
　　　　　　　　　　　　先生の役目）
- すぐに眠れる　　　×（関係ない長所）
- 簿記2級取得者　　×（簿記と幼児教育とは関連性が薄い）
- 部活動でインターハイ出場　×（幼児教育と関係がない）

　ただし、アドミッション・ポリシーに合わない長所があっても、さらにメタ化すると、新たな長所が見出せるかもしれません。

「部活動でインターハイ出場」ならば……
- プレイに潜む問題や課題を見つけ、解決した
→ **問題発見・解決力**　○
- みんなをやる気にさせる声がけをした
→ **モチベーションを高めるチカラ**　○
- 部員をまとめ、一致団結させた
→ **リーダーシップをとるチカラ**　○

　選んだ長所のなかで、最もアドミッション・ポリシーに合った受験生であることを示せるものを選びましょう。
　「私の長所は○○です。それは、△△という貴学のアドミッション・ポリシーに合っているからです」 と伝えられれば最高です。

自己アピールを固める

22 | 長所が見つからないときはどうする?

長所を見出すための3つの方法

長所を見出すとき、「なかなか出てこない!」と悩む受験生は多いもの。そのときの長所の出し方を、紹介します。

❶ 第三者に聞いてみる
❷ 短所を長所に読み替える
❸ Core Identity を探る

❶ 第三者に聞いてみる

キミのことは、キミのことを見ている第三者のほうがわかっていることがあります。「私の長所、何?」と尋ねてみましょう。保護者、友人、先生、兄弟。誰でもかまいません。最初は恥ずかしがって、言ってくれないことも多いけれど、真剣に尋ねたら、きっと相手も真剣に答えてくれるはずです。

❷ 短所を長所に読み替える

キミの特徴について、それをプラスに見るか、マイナスに見るかは、見た人の捉え方次第。プラスに捉えたら長所だし、マイナスに捉えたら短所になります。

ということは、**キミが短所だと思っていることは、もしかしたら長所になるかもしれません。**

60

第 1 章　なぜキミは大学に行くのか？

「怒りっぽい」という短所は、「思い切りがいい」という長所になるものです。

「引っ込み思案」という短所は、「物事を慎重に捉える」という長所になります。

❸ Core Identityを探る

自分の軸や拠り所になるような、大切にしている価値観を炙り出す方法もあります。Googleで「価値観　キーワード」と検索すると、「価値観を知るための言葉リスト」というものが出てきます。そのなかから大切にしたいキーワードを抜き出して、長所とすることもできます。詳しくは『志望理由書のルールブック』に記したので、参考にしてください。

長所が見つかれば自分を大切にしたくなる

見方を変えれば、さまざまな長所が出てくるもの。その長所がわかったら、「自分、まんざらでもないじゃん」と褒めてあげてもいいですよね。

自分のことが好きな人は、絶対に自分を大切にするものです。日本人は自己肯定感が低いといわれています。自己アピールを整理しながら、キミがもつ長所の素晴らしさをしっかり感じて、自分のことを肯定的に捉えてみてください。

自己アピールを固める

23 | 長所を表現するキーワードを知ろう

長所が見つからないのは、表現する言葉を知らないから

長所を探ろうと考えても、長所を探ることができない人も多いでしょう。その原因は「長所にかかわるキーワードを知らないから」です。

自分には長所が絶対にあると思っていても、その姿を表現することができない。だからもどかしいのです。

ここでは、長所を表現するキーワードを整理しました。

キミにはどのキーワードが当てはまるでしょうか。

それを見つけたら、それを長所として表現してみましょう。

性格や特性による分類

❶ 前向き

積極的、チャレンジ精神、向上心、リーダーシップ

❷ 明るさ

社交的、面倒見がよい、明朗快活

❸ 力強さ

意志が強い、熱意がある、熱心

❹ 忍耐強さ

粘り強い、勤勉、努力、打たれ強い

❺ クリエイティブ

独創的、思考が柔軟、感性が豊か、発想力

❻ 気配り
思いやり、協調性、気が利く

❼ まじめさ
素直、誠実、几帳面、冷静、謙虚

❽ 知的さ
探究心、研究熱心、向学心、理性的

自分がもつ能力による分類

❶ 発見・創造力
企画力、観察力、思考の柔軟性、想像力、情報収集力

❷ 理解・判断力
問題解決力、論理的思考力

❸ 対人・組織力
チームワーク、リーダーシップ、対話能力、適応力

❹ 表現力
説得力、説明力、文章力

❺ 実行力
迅速性、正確性、計画性、行動力、主体性、自立性

自己アピールを固める

24 長所をアピールしよう

未来志向型自己アピールの構築メソッド

せっかく自分の長所をアピールする機会があるのなら、もっと効果的に示したいもの。そのときに準備しておきたいのは、以下の3つ。

❶ 長所を得る過程を示す事例を用意する
❷ どう成長して長所を得たのかを説明する
❸ 未来に向けて長所をどう伸ばしたいのかを伝える

このように説明しましょう。特徴は「長所をどう生かしたいのか」と前向きなキミをアピールすること。これが**「未来志向型自己アピールの構築メソッド」**です。

❶ 長所を得る過程を示す事例を用意する

キミが伝えた長所は本当なのか、面接官は疑問を抱いてしまうかもしれません。それなら、リアリティをもたせて答えればいいですね。

部活動や学校生活などで、キミは長所をどう得てきたのでしょうか。その姿を面接官が頭のなかでリアルに思い描けるように、説明してみましょう。

64

❷ どう成長して長所を得たのかを説明する

生まれながらにしてもっている長所というものはありません。今までの成長のなかで、長所として磨かれてきたのです。

それならば、生活のなかでどう成長して、長所を身につけてきたのでしょうか。過去の成長物語を相手に伝えましょう。

❸ 未来に向けて長所をどう伸ばしたいのかを伝える

せっかく手に入れた長所。これからどう生かしていきたいのか、その意思表示をしてみましょう。

大学入学後、そして社会人になったあと、長所をどう生かしたいのでしょうか。今後の抱負を交えながら論じてみましょう。

自己アピールをよりよくするポイントは『志望理由書のルールブック』に記しましたので、参考にしてください。

自己アピールを固める

25 合格のカギは「主体性」にアリ!

「主体性」と「自主性」は似て非なるもの

　私が数多く見てきた自己アピールのなかで「どういうもの
が心に響いたのだろう?」と振り返ってみました。

　以下の2つの例を見比べて、どちらが刺さる自己アピール
か、考えてみてください。

❶ 私は積極的に行動する力を身につけてきました。部
　活動で顧問に言われる前に道具を準備したり、練習
　を始めたり、部員をまとめたりしてきました。挨拶
　も積極的にやりました。大学入学後も人に言われな
　くても行動できるよう、頑張っていきたいです。

❷ 私は積極的に行動する力を身につけてきました。部
　活動では大会の成績が芳しくないとき、自分のフォー
　ムが崩れているかもしれないと考え、フォームをビ
　デオに撮って、さまざまな文献を確認しながら理想
　のフォームに近づけてきました。大学入学後も自ら
　の力で問題や課題を見つけ、行動につなげていきた
　いです。

　どちらも「積極性」を長所として挙げていますが、刺さる
のは❷です。

　たしかに❶は、誰でも言いそうな事例を挙げているから、

66

他の受験生と差別化が図れていないと言えそうです。しかし、もうひとつ肝心なのは、**「主体性」があるかないか**、ということです。

主体性とは、**何をやるかが決まっていない状況で自分から問題や課題を見つけ、判断し、行動すること**です。

❷は自分から「フォームが崩れているかもしれない」と問題や課題を探って考えて、「自分のフォームをビデオに撮ろう」「さまざまな文献を確認しよう」と判断し、フォームを直そうと行動しています。まさに主体性のある受験生だと伝わります。

一方、❶は顧問に言われる前にやる、つまり、第三者から言われなくても率先してやるという話です。

これは自主性。自主性とは、やるべきことが明確なときに、人に言われる前に自分でやること。つまり、❶の見方を変えれば、「誰かにやるべきことを明示されてやっている姿」となるわけです。問題や課題を自分で見つけようとしていない。

大学は研究機関。**自分で問題や課題を見つけ、学問のチカラを借りて解決する場です。**さて、大学側は主体性のある受験生と、自主性のある受験生、どちらを合格させたいと思うでしょうか。

キミが掲げる長所は、自主性の範疇にありますか？　それとも主体性をアピールできていますか？

第 1 章　まとめ

☐ 面接のABCのAは「ambition（大志を抱け!）」。

☐ 志望動機では「なぜ志望学部・学科・コースを選んだのか」「なぜ志望大学を選んだのか」の2つを答えよう。

☐ 志望動機のしくじりパターンは「就職予備校型」「キャリア設計丸投げ型」「キレイごと並べたて型」の3つである。

☐ 志望動機を考えるときは、次のⅠ〜Ⅳを重視しよう。❶ 学部・学科の選択理由　Ⅰ 私はこういうプロジェクトを学部・学科で実行したい　Ⅱ このプロジェクトには、こういう「知」を生み出すという意義がある　❷ 大学の選択理由　Ⅲ このプロジェクトを実行するためには、こういう学問の修得や教育、環境や支援者が必要だ　Ⅳ 志望校では、このプロジェクトがこう実行できる

☐ 学部・学科を選ぶときは、未来思考をもとう。

☐ 大学の先生に弟子入りする覚悟で臨もう。

☐ 自己アピールでは、大学側が求める人材だと示そう。

☐ 自己アピールでは「どういう長所をもっているのか」「なぜその長所をアピールするのか」の2つを答えよう。

☐ 自己アピールのしくじりパターンは「既視感アリアリ型」「表現解像度低下型」「現実乖離型」の3つ。

☐ 自己アピールをするとき、❶長所を得る過程を示す事例を用意する　❷どう成長して長所を得たのかを説明する　❸未来に向けて長所をどう伸ばしたいのかを伝える　の3つを準備する。

☐ 自己アピールでは、主体性があることを示そう。

❗ **問題** 第1章で学んだ事柄を、絵や図にしてまとめましょう。

第 **2** 章

キミは
どう答える
べきか？

B：build
［主張を組み立てよ！］

第 2 章　キミはどう答えるべきか？

「答える」ための準備

26 | 厳しい質問にも答えられる準備を!

面接官は受験生の素養を見ている

　面接官は、受験生の問答・受け答え方・態度をもとに、多くの情報を引き出そうとします。それは、出願書類や筆記試験の結果だけでは、受験生の人物像や能力を見極めることが難しいからです。つまり、**受験生の素養を見るために用いられるのが面接試験**なのです。

　しかし、面接試験の対策が難しいのは、評価の過程で面接官の主観が多分に含まれてしまう点です。たとえば、面接会場での立ち居振る舞いや態度の良し悪しが評価を左右することもあります。

どんな状況でも適切に答えられる準備が必要

　そうしたなかで、やっておきたいのが、「面接のABC」のB。

build（主張を組み立てよ！）

あらかじめ適切に答えるために入念な準備をしておきましょう。それは、面接官は質問の難易度を決定し、面接試験の「場」を支配する権限をもっているからに他なりません。

　なごやかな雰囲気のなかで受験生の緊張を解きほぐし、本心を探ろうとする面接官もいます。

　一方で、あえて厳しい質問を投げかけたり、受験生の返答に反論をしたりして、受験生の資質を見ようとする面接官もいます。

　出願書類や筆記試験のようにじっくりと受験生の回答が検討されるわけではなく、面接官はその場で評価を下します。キミが有利になるように、できるかぎりの対策を講じる必要があります。

　面接試験をクリアするためには、厳しい状況を想定したうえで訓練をすべきです。

　これから「答え方」を失敗した先輩の問答を紹介します。そのなかに3つのしくじりが隠れています。その3つを想像してみましょう。ヒントは頭文字。それぞれ**U・S・T**です。

　さて、いくつ当たるでしょうか？

失敗例から学ぶ（3）

27 | すぐに本心を見破られる 「ウソつき型」

ウソがバレる12のポイント

1つ目は「ウソつき型」です。

実際に面接試験を受けた受験生の例。「途中、答えにくい質問があったけど、なんとかごまかして切り抜けられた。そのあとは厳しい質問はなく、なごやかに終わったよ。これは受かったかも？」とのことですが、実際はどうなのでしょうか？

失敗例

Q キミは将来どういう仕事に就きたいのですか。

A はい、公務員になりたいです（実は思っていないけど）。

Q 具体的にはどういう仕事をしたいのかな。

A えっと、どんな仕事？　ま、まぁ、企画系の公務員の仕事がいいです。

Q 企画系の仕事？　具体的にどういうもの？

A えっと……新しい企画を立ち上げるとか、そういう仕事です。とにかく私は公務員になりたいんです！

何が問題だったのでしょうか？　それは、面接でウソをついたこと。こうした回答を「ウソつき型」と呼ぶことにします。面接官は百戦錬磨の大人というのを忘れてはなりません。受験生が思っている以上にウソや本心を見抜きます。

ウソが表れるポイントは、こんなところでしょうか。

❶ 落ち着きがない

❷ 素直に答えないでもったいぶる

❸ 適切な間をあけずに答える

❹ ウソの話に踏み込むと感情的になる

❺ 聞かれていないことまで話し出す

❻ 途中で話題をすり替える

　今回の回答には、❶❹❻が含まれます。面接で不意打ちの質問をされると「どうしよう」「困った」など、いろいろな考えが頭のなかを駆け巡り、ウソのサインが表れます。

　ウソのサインはほかにもあります。

❼ 目線を面接官に向けなかったり定まらなかったりする

❽ 手のやり場に困っている

❾ 瞬間的に眉をひそめる

❿ 鼻を触ったり、口を覆ったりする

⓫ まばたきの回数が減る

⓬ 目が右上へ向く（左利きの場合は左上）

　こうした姿を見た面接官は「この受験生、答えられない事情があるのだな」とわかるものです。ウソで創り上げた「自分」は、面接官によって簡単に崩されてしまうのです。

失 敗 例 か ら 学 ぶ（3）

28 | 言葉が躍る「知ったかぶり型」

知ったかぶりがバレる３つのポイント

２つ目は、「知ったかぶり型」です。

失敗例

Q キミはこの取り組みを営利でやりたいの？　それと
も NPO とか、非営利でやりたいの？

A は、はい。（考えてなかったし、そもそも NPO って何？）えっ
と、え、NPO を立ち上げたいと思います！

Q じゃあ、NPO にしなければいけない理由は何だろ
う？

A （どうしよう……適当に答えちゃおう）NPO にすると、知
名度を上げるにはいいんじゃないでしょうか。
NPO って有名なところが多いですからね〜。

Q 知名度。知名度を上げるために NPO にするの？

A （どうしよう……）ま、まぁ、そうとは考えていますが。

Q キミは慈善事業をやりたいんでしょ？　慈善事業っ
て何？

A えっと、慈善的な事業をやることです……。

Q では、NPO ってどういう組織のことを言うの？

A 言葉はわかるのですが、意味までは……すみません。

最初のほうは、面接官が発する「NPO」というキーワー
ドのおかげで救われたかのように思いましたが、結局「言葉

76

が躍る」という状況になってしまいました。しかも、最後に知ったかぶりがバレてしまいました。

知ったかぶりがバレるポイントは次の3つ。

❶ 知らない言葉を示されても、知っているかのように相槌を打つ
❷ 言葉の定義についての説明を、単語をバラして解説したレベルで終えてしまう
❸ 言葉の定義を聞かれたとき、「その言葉だけは知っているのですが、内容までは……」などと返答する

今回は❶❷❸ともに当てはまります。とくに❷❸のように**言葉の定義を聞かれたときは要注意**。面接官はやり取りから、だいぶうさん臭く感じているので、わざわざ定義を尋ねてくるのです。

それ以前に、知ったかぶりな態度を取る人は、人を不愉快にさせますよね。野球を知らない人に「野球って最近おもしろくないよね」みたいに言われたらどうでしょう。

学問領域についての専門家に対して知ったかぶりをした態度を取ってしまったら……考えるだけでもゾッとします。

受験生本人は「切り抜けた！　よかった～」と思いがちですが、**面接官はしっかり見抜いています**。知ったかぶりはバレるものなのです。

失敗例から学ぶ（3）

29 | 状況が不利になるだけの「沈黙型」

質問に答えられず黙ってしまったら……

3つ目は「沈黙型」です。

失敗例

Q キミの好きな科目は何ですか。

A はい、日本史です。

Q え、キミは解析学をやりたいって言っていたよね。なぜ数学ではなく日本史なの？

A 日本史のなかでも戦国時代が好きで……。

Q だから、なぜ数学でなくて日本史なの？

A ……。

Q じゃあ、別の質問をするね。最近解析学に関連した本、読んでる？

A はい。数学の参考書とか……。

Q それ、受験勉強の一環ではないですか。今回の志望動機を考えたときとか、解析学の書籍を読まなかったの？

A ……。

質問に答えられず、黙ってしまうケースです。

黙るということは、質問に対しての見識をもっていなかったり、そのこと自体を考えたことがなかったりしているわけです。

正解を求める質問、意見を求める質問

　そもそも、面接の質問には「正解」を求めるものと、「意見」を求めるものがあります。

　前者であれば時事問題や学部・学科の学びに関連する口頭試問などがあります。この場合、沈黙になりそうであれば「不勉強でわかりません」などと答え、「帰ったら調べます」などと**前向きさをアピール**すれば対処可能です。

　一方、後者は志望動機や自己アピール、好きな教科についての質問などがあります。今回の質問はこちらにあたります。答えられない場合、「自分で考えようとしていない」と捉えられてしまいます。そして、「入学させるだけの素養はないのかもしれない」と判定されてしまうかも……。

　たしかに沈黙があっても不自然ではない場合もあります。熟考が必要な質問のときは、自ずと沈黙が生まれます。しかし、**受験生なら答えられなければならない質問の場合に無言になると、面接官は疑問を抱きます。**

　たとえば、志望動機や自己アピール、大学生活についてなど、大学に入学を希望するならば一度は考えておくべきことは、素直に答えてほしいところです。

　黙り続けていても、状況が有利になることはありません。

79

面接官との良好な関係を築く

30 面接官を怖れてはいけない！

「圧迫面接」をされたらどうしよう……

　過去に失敗した先輩の様子を見ると、面接官はかなり受験生のことを見抜いているのだとわかります。

　面接官、恐ろしくなってきましたか？
　自分よりも知識をもち、合否を決める存在だし、しかも怖い人に当たったら……。

　しかも、すぐには答えられないような厳しい質問をあえて投げかける面接のスタイルがあります。**圧迫面接**と言います。

「これ、どういうこと？　理解できないんだけど」
「考えが浅いんじゃないの？　それで大学生になろうと思っているの？」
「キミの志望理由、納得できないんだけど」
「自己アピールしてくれたけど、それ、アピールじゃないよね」

　ただでさえ怖い面接官にこんな質問を投げかけられたら、キミはどう思いますか？　受験生が泣きたくなるのも当然です。

面接を怖く感じさせているのは受験生自身

　圧迫面接をする面接官の本来の意図は、実際のところ、こういう感じではないでしょうか。

「出願書類や面接での問答について詳しく掘り下げたら、厳しい質問に見えてしまった」
「ストレートな物言いをしたら、本質を突く質問だった」
「回答内容に大きな矛盾があったので、指摘した」
「質問に正しく答えてくれなかったので、あらためて問い直した」

　まれに、非常に威圧的な態度で接してくることもありますよ。ムスッとしながら、睨みつけてきたり……。

　でも、それはもともとそういう容貌であることも多いのです。だから、面接というのは怖いものではなく、**怖くさせているのは受験生自身**というほうが正しいのではないでしょうか。

　心配いりません。しっかりと対策をして、志を高めれば、必ず未来は開けます。

面接官との良好な関係を築く

31 | 「厳しい面接官」を想定して準備しよう

面接官も完璧ではない

たくさんの受験生と問答をくり返す面接官。途中で集中力が途切れることもあります。話を流して聞いたり、趣旨をつかみ損ねてしまったりすることもあります。面接官だって完璧ではないのです。

「私のことをきっとわかってくれるはず」
「いいところを引き出してくれるだろう」

そう願って面接を受けたくなる気持ちはわかります。しかし、残念ながら**前向きな心持ちで面接する面接官ばかりではありません**。それだけ神経を使う仕事なのです。

面接もリスクマネジメントが大事

また、受験生の面接の様子を見て、このような思いを抱く面接官もいます。
「どうせ大した志望動機もないんだろう」
「表面的にはキレイごとを並べているけれど、本心は違うのだろう」

面接でウソを重ねる受験生、入学を許可したものの学業を

おろそかにする受験生を数多く見てきた面接官なら、面接の
キミの回答が本当かどうかを疑うでしょう。

　もっと用心深い面接官ならば、受験生のネガティブなとこ
ろを探そうと、アラ探しをします。
　こうした質問がエスカレートすると圧迫面接（受験生に圧力
的な質問をあえて投げかける面接）になることも。

　しかも、残念なことに面接官が良心的かどうかは試験が始
まってみないとわかりません。
　だから私たちは、**厳しい面接官に当たったときのことを想
定して、面接の準備をしなければなりません**。つまりリスク
マネジメントを行うことが大事なのです。

面接官との良好な関係を築く

32 | 「評価される受験生」になる 3つのポイント

面接官は人を見る目をもっている

では、面接試験で評価されるのはどのような受験生なのでしょうか。キミが面接官になったつもりで、考えてみましょう。

大学の先生は探究のプロです。研究テーマを究めるため、日々研鑽しています。また、たくさんの教養をもっています。世の中の流れを知り、他分野のことも（浅い深いは置いておいて）いろいろと知っています。

そうした広い視野をもつ人は、批判的な思考をもっています。自分の主張が正しいかどうか、常に考え、真の解を導こうとします。だから、ある分野に無関心であったり、偏見をもったりする受験生を好ましくないと考えるでしょう。

そして、人を見る目をもっています。多くの学生や受験生と接する機会が多いからこそ、そうした力を得ることができます。**受験生のウソや言い訳を簡単に見抜けます。**

大学の先生が「合格させたい」と思うポイント

　では、どのような受験生だったら「この受験生なら合格させたい！」と思われるでしょうか。

❶ **大学で何を学びたいのか、どういう学問にコミットしたいのか、明確に述べられる人**
❷ **批判的思考をもち、自他の意見に対しクリティカルに訴えることができる人**
❸ **ウソや言い訳をせず、率直に真摯に物事を語ることができる人**

「真摯に」「批判的な視点をもち」「本気で学問にコミットしたい」人が好まれるということです。

　面接はイニシエーション（通過儀礼）。大学に入学するにあたり、これから学問を探究する者として認める、という意味合いをもっています。

　だから、**志をもって学ぼうとしている受験生が評価され、一方でそうではない受験生はふるい落とされる**というわけです。

よい答え方の基本

33 | 面接官の意図を読み取ろう

質問の意図を考えながら答える

　質問への答え方の基本は、「私の回答は正当なものである」と伝えることに尽きます。そのためには、答え方に工夫が必要です。ポイントはIIR。

　まずは、1つ目。面接官の質問の意図をしっかりと考えましょう（I：意図把握）。「面接官はなぜそういった質問をするのだろうか」と、質問の意図を考える癖をつけるのです。

　Q　あなたの好きな教科は何ですか？

　たとえば、経済学部志望者がこのような質問をされたとき、どう答えるべきでしょうか。

　この質問の場合、素直に教科名を答えればよいわけですが、経済学部志望ですから、経済学部に興味・関心があること、もしくは学ぶための能力が備わっているかどうかを確認したいというのが、面接官側の意図です。

　だから、こういうときは「政治・経済」「数学」あたりが妥当な回答だと言えそうです。ここで「生物」「化学」と答えても、上記のアピールにはならなそうです。

　Q　経済学部を志望しているのに、調査書によると数学の成績が悪いようですね。わが大学に入学しても大丈夫ですか？

では、こういう質問ならどうでしょう。

この質問は、暗に「数学が苦手だと、経済学部入学は難しい」ということを述べていますね。回答としては次のようなものが考えられます。

A 大丈夫です。現在では経済学部入学のため、数学の克服を行っています。中学校の数学の教科書からやり始め、高校2年生の教科書まで振り返りました。過去の成績の悪さは反省しておりますが、今ではその状況は克服できたと思います。

面接官側の不安要素である「数学の成績の悪さ」を克服しているということを述べています。質問に単に答えるだけではなく、出題者がどういう意図で質問しているのかをくみ取ることが大切です。

質問を聞き逃したときは正直に

なお、もし質問を聞き逃したり、質問の意図がくみ取れなかったりしたときは、遠慮なく面接官に尋ねましょう。

「恐れ入りますが、もう一度質問を伺えますか」など、クッション言葉を使い、依頼文で伝えます。

よい答え方の基本

34 | 質問に対する「意見」を述べよう

まずは回答を先に

質問への答え方の基本の2つ目は、「質問されたら、まずは答えを言うこと」(Ⅰ：意見)。

面接官は合格させたい受験生を探すため、面接に臨みます。しかし、たくさんの受験生を短期間で評価しますので、やはり疲れてしまうもの。

話をついつい上の空で聞いてしまったり、最初に聞いたことを忘れてしまったり……そうした面接官にキミの思いを伝えるには、工夫が必要です。それは、**「私は……と考えます」と素直に答えを言うこと**です。

今まで真剣に志望動機や自己アピールを考え、調べ学習と思考をくり返してきたキミなら、率直に答えを言うことができるでしょう。例題を見てみましょう。

Q 終身雇用制の問題点を答えてください。

A₁ 終身雇用制は労働契約の期間に定めがなく、定年までひとつの会社で働き続ける制度のことです。そうなると、身分が守られることになるので生産的な活動を積極的に行わない社員が生まれることが問題になると思います。

A₂ 人材の流動性を妨げるということです。能力をもつ人材が、適切な時期に、適切な現場で働くことを困難にします。また、身分が保証され、生産的な活動を行わない者も生まれるという弊害も起こります。

前者（**A₁**）は回答をあとに述べた例、後者（**A₂**）は回答を先に述べた例です。

人は文脈をたどって話を聞きますが、前者のように**オチがわかるまで聞き続けるのは負担**になります。後者のように回答を先に述べたほうが、趣旨が伝わりやすく、面接官は「こういうことを言いたいんだね。このあとは説明かな？」と文脈をおおよそ推測しながら話を聞いてくれるようになります。

回答できないときにも正直に

ですから、延々と回答を先送りしたり、質問と食い違う回答をしたり、無言になったりすることは避けましょう。

質問に対して回答ができないときは、「申し訳ありません。答えられません」と率直にその旨を伝えましょう。

そのあとに、**「早速勉強をし直します」**と前向きな答え方をしてみるのも手です。ただし、質問にはできるかぎり答えたいものです。

89

よい答え方の基本

35 回答に対する「理由」を述べよう

「なぜなら」「たとえば」で説得力を高める

　質問への答え方の基本の3つ目は「理由を説明すること」
です（R：理由説明）。

　使うフレーズは「なぜなら」と「たとえば」。

　回答したあと、なぜその意見が正しいのか、理由を説明し
ます。理由を述べるとき、いかにキミが主張することが重要
なのか（もしくは、問題視されるべきことなのか）、熱意をもって
伝えるようにしましょう。

　加えて、キミが述べるその理由の説得力を高める工夫が必
要です。理由とともに「たとえば、……という事例があります」
などと、回答の正しさを裏づける具体的な体験や観察、エピ
ソードを添えて説明するのもよいでしょう。

回答の基本形はピラミッド型

Q 待機児童問題について、どう考えますか。

A 保育士不足もさることながら、保育施設の設置が困難であることが問題だと考えます。**なぜなら**、法制度に制限事項が多く、一方で住民の理解が得られないこともあるからです。**たとえば**、ある都市では、保育所を建設しようとしたところ、法律で定められている必要面積を満たす物件がなく、仕方なく自治体の土地で作ろうとしたそうです。しかし、保育園は迷惑施設だと住民の反対運動が起こり、設立ができないという話を聞いたことがあります。住民との対話も必要ですが、一方で法律の改正なども検討すべきだと考えます。

このように、質問への回答は最初に簡潔に意見を述べ、そのあと理由を説明し、そして事例をじっくり話しましょう。最後にまとめ（今後の提案など）を入れると、回答が引き締まります。この形を「ピラミッド型」といいます。

最初に趣旨を伝えるので、面接官は「こういう話をしたいんだ」と理解してくれます。そのうえで事例を述べると「なるほど」と納得してくれるでしょう。

面接官が納得しやすいように答えること。それが「ピラミッド型面接の答え方メソッド：IIR」です。

91

ヤバい面接官への対処法

36 | 受験生が回答に困る 3つのケース

キツイ面接官に当たることもある

面接官には当たりはずれがあります。

ある大学での面接試験の話。

受験生が多いため、10以上の面接会場が設けられていました。各会場に割り当てられるのですが、なぜか1つの会場からは、面接終了後に号泣する受験生が続出……。

そのときの合格発表を見ると、明らかにその会場の合格者が少なかったのです。10人中2名しか受かっていない会場もあれば、かたや10人中8人も受かった会場も……。

私は、こうしたキツイ面接官に当たってしまった受験生から面接のやり取りについて取材を重ね、あるパターンを見出しました。こういう切り口で質問をしてくるだろう、ということです。

❶ 具体型
❷ 迂回型
❸ 転覆型

❶ 具体型

出願書類や面接の問答に対して、より具体的に尋ねてくるケースです。

❷ 迂回型

質問は何ということもないものですが、その意図が裏側に潜んでおり、実質的に遠回り（迂回）して質問してくるケースです。

❸ 転覆型

回答した事柄に対して反論を施してくるケースです。多くの場合、反論しにくい質問を投げつけられます。

❶から順に難度は上がり、❸で鋭い質問を投げかけられると回答できずに黙ってしまうということも起こりえます。この3パターンの質問を投げかけられることが、面接試験において最も大きなリスクとなります。

具体的な問答を交えながら、その対処法を考えていきましょう。

ヤバい面接官への対処法

37 | 詳しい説明を求められる「具体型」質問

「本当に理解しているか」が問われる

「志望理由書に『教育について総合的に学びたい』と書いてあるけれど、具体的に何を学びたいの？」

「『国際関係の仕事に就きたい』と答えてくれたけど、どんな仕事がいいの？」

「わが校の理念に共感したと言ってくれたけど、キミなりの言葉で解釈してくれる？」

面接官にこう聞かれたとき、上手に答えられますか？

突然こんな質問をされると、誰もが困りますよね。

このように「○○とはどういうことですか？」「△△を具体的に説明してください」など、**詳しい説明を求められる質問パターンを「具体型」**と呼ぶことにします。

そこでしっかり答えられないと、面接官はこう思うのです。

「この受験生は、この言葉を理解して使っているのか？」

私はこういう状態を「言葉が躍る」と言っています。言葉はカッコいいけれど、中身はカラッポ。こうした返答をして、面接官に無用な疑念を抱かせてはなりません。

第 2 章　キ ミ は ど う 答 え る べ き か ?

具体型には下調べで対応する

　このケースに対応する方法は、ただひとつ。事前に下調べをしておくことに尽きます。

　肝心なのは**曖昧な言葉（抽象語句）を自分の言葉でかみ砕いて言えるようにしておくこと**。

　頻出の質問（20ページ参照）の回答（志望動機、自己アピール、高校生活、大学生活、ニュースなど）については、とくに入念に。出願書類を書くときから面接試験に対応できるように準備しておくことです。

　実は、**質問事項の多くは事前に提出した志望理由書や自己推薦書をもとにしたもの**です。

　これらを作成するとき、ついついカッコいい言葉でまとめがちになり、意味や定義がわからないまま抽象的な言葉やカタカナ語を使ってしまうこともあるでしょう。なかには、大学のパンフレットやシラバスの文言を丸写ししたり、科目名をそのまま書いたりするケースもあります。

　そういう出願書類を出すと、結局自分の首を絞めることになります（出願書類の合格をもらいたい気持ちはわかりますが）。**言葉は"言霊"、つまり魂が宿る**といわれています。真偽は別にして。言葉一つひとつに責任をもって紡ぐことを忘れずに。

95

ヤバい面接官への対処法

38 │ 致命傷になりかねない 「迂回型」質問

遠回しに真意を確かめる「迂回型」

86ページにも挙げた質問を再び用いてお話しします。

「あなたの好きな教科は何ですか?」

この質問、素直に答えるとまずいかもしれません。

たとえば「日本史です!」と答えたとして、志望した学部はスポーツ科学部、志望動機は運動解析だったら……。本当は体育、物理や数学、といった回答がふさわしいでしょう。

「苦手な科目は何ですか?」

そのさい、「数学です!」と答えたが、志望した学部が経済学部や経営学部だったら……。数学以外の回答を考えるべきでした。

いずれの回答も、面接官に疑問を抱かれることでしょう。

「運動解析をやりたいのに、日本史が好きって……本当は運動解析をやりたいわけではないのでは?」

「経済学では数学が必要だよ。それが苦手だという受験生を合格させると、入学後にエライことになるかも……」

96

第 2 章　キミはどう答えるべきか？

　いずれの質問も、「本当に学びたいの？」と直接問わずに、遠回しに質問してその確認をしようとしていますね。

　このように、迂回するような質問を投げかけることを「迂回型」と呼んでいます。

　一見すると受験生には何でもない質問ですが、答え方次第で致命傷になることがあります。

　類似例としては、このような質問があります。

「オープンキャンパスにはどれくらい来ましたか？」
→ 志望校調査をしたうえで受験しているかどうか
「志望動機を考えるために、どのような取材や調査をしてきましたか？」
→ 研究したい事柄に対して今までどれだけコミットしてきたか
「部活動ではどのような役割で、どのようなことに気をつけていましたか？」
→ 自主性と主体性、どちらの性質をもっているか

　こうした迂回型のパターンで適切に回答するためには、志望理由などの提出課題を念頭に置いて、ブレないように答えるほかにありません。

97

ヤバい面接官への対処法

39 | 真っ向から否定する「転覆型」質問

頭がフリーズする困った質問

「キミがやりたいこと、本学でなくてもできるよね？」

　こう問われたとき、キミはどう答えますか？　受験生のなかには、この時点で頭がフリーズする人も……。

　一方、頑張って答える受験生もいます。

「いえ、○○大学○○学部でなければならないと思い、受験しました。○○教授は……という研究をしていると伺い、先生のもとで学びたいという気持ちは変わりません！」

　しかし、こう言われたら、どうでしょう。

「え、それ、できないよ」

　出願書類の内容や面接の回答に対して、真っ向から否定する質問が投げかけられる「転覆型」のパターンです。

第 2 章　キミはどう答えるべきか？

転覆型質問は面接官の率直な意見

　こうした質問には必然性があります。**反論せざるを得ない内容が含まれているから**です。

　先ほどの質問も、面接官は「志望動機の内容はわが大学ではできない」と判断したから、率直にぶつけたわけです。

　類似の質問例は、次のとおり。

「ほかの学部で学んだほうが、キミのためじゃないかな？」

「キミと同じようなこと、ほかの受験生も言っているけれど、独自性はないの？」

「これをやるのは、キミじゃなくてもいいじゃない」

　多くの場合、**調査不足**から「転覆型」質問が生まれます。

　学問や大学、指導教員についての調べが浅かった。競合相手の調査が甘かった。独自性がなかった。そういうことです。

転覆型には付け焼刃では対応できない

　どれだけしっかりと志望動機や自己アピールに力を注いできたか、探究心をもって取り組んできたかによって、面接への対応に差が出るといえるわけです。

　結局、付け焼刃ではまともに対応できないということです。

　そろそろ、受験生も指導者も気づいたほうがいいですよ。

99

面接官に伝わる表現法

40 | 同じ返答内容でも 伝え方で結果は変わる!

聞き手への気配りをもって伝える

面接試験は自己表現の場です。面接官にキミが考えていることや進学への意欲を十分に伝えて、初めてよい評価が得られます。

しかしながら、言いたいことがうまく伝わらないときもあるでしょう。そうした苦しみやつらさは、誰もが味わうものです。

同じ返答内容であっても、伝え方次第で面接官の受け取り方は大きく変わります。

面接官にしっかりと聞いてもらうためには、聞き手への気配りを怠らないようにしながら、実践に移すことが大切です。

これは、面接官と言葉のキャッチボールをするための基本中の基本です。

伝え方の工夫をする

　キミの熱い思いを上手に伝えるためには、「伝え方」を工夫しなければなりません。

　口の開き方や声の大きさ、トーン、言葉遣いなど、工夫すべきポイントは多いものです。

　これらを習得し、自然とできるようになるまで訓練しましょう。

　では、具体的にどういう点を押さえればよいのでしょうか。ポイントは基本編で6つ、発展編で3つあります。どのようなものがありそうか、想像したうえで読み進めてみましょう。

面接官に伝わる表現法

41 | 話すトーンやスピードが 説得力につながる〈基本編❶〉

「THINKS」で上手に伝える

面接官に上手に伝える表現法として、6つのポイントを「THINKS」としてまとめました。最優先に実践してみましょう。

❶ (声の)トーン(T)

高い声で話すと明るい印象を与えます。一方で、幼く見えたり、「緊張して声が上ずっている」と思われたりします。

また、甲高い声は聞き手を疲れさせます。そういう場合は、落ち着いた低めの声を出し、説得力のある話し方を心がけましょう。

他方、低い声の人は落ち着いた印象を与えますが、暗く消極的な人のように思われたり、ボソボソと話しているように見えたりします。そうした人は声がこもりやすく、声量も小さくなりがちですので、声を張って、高めの声で話すとよいでしょう。

第 2 章　キミはどう答えるべきか？

❷ 話す速さ（H）

早口の人は話す内容が多くなりがちで、面接官の頭のなかに会話の内容が残りにくいものです。また、暗記している回答を忘れないうちに話そうと精一杯になっている印象や、物事が上手に伝えられない人物であるかのようなイメージを与えてしまいます。

一般的に、**1分間に話せる文字数は約200字**といわれていますので、これを超える分量で話している人は要注意。落ち着いた口調で、面接官が理解できる分量であるかを考えながら話しましょう。

❸ 印象のよい言葉遣い（I）

話すときに、「えぇと」「まぁ」「……でもぉ〜」といった言葉を用いた無意識な時間稼ぎや、「私的には……」「超○○で……」といった目上の方へ用いるのにふさわしくない表現の使用は避けましょう。

前者の場合、こうした言葉を発しそうになったら**黙ってみる練習をするのが効果的**です。

後者の場合は、普段から正しい言葉遣いをするよう心がけ、自然に使えるようにしておくほかにありません。

面接官に伝わる表現法

42 | 話し方の癖を把握しよう〈基本編❷〉

接続助詞を使わず、一文を短くする

「面接官に伝わる表現の基本：THINKS」の残り３つは、次のとおりです。

❹（文の）長さ（N）

「……して、……して、……で、……」などと接続助詞「て」「して」を使って一文を長くするのは、主述関係がわかりにくくなったり、要点が伝わりにくくなったりする原因となります。

また、接続助詞「て」「して」を使うと「……てぇ～……」「……でぇ～……」などと語尾を伸ばしがちになります。こうした冗長な話し方は聞き手を退屈な気持ちにさせてしまいますので、できるかぎり**「て」「して」を使わずに、一文を短くするように心がけましょう**。

❺（話し方の）癖を知る（K）

話し上手になるためには、キミ自身の話し方の癖をつかむことから始めましょう。

声の大小、トーン、抑揚、口癖や言葉遣いなどをチェックします。身近な人に尋ねたり、キミが話しているのを録音して聞いてみたりするとよいでしょう。問題のあるところから直していくと、早く上達します。

104

❻ 声量（S）

　面接試験の多くは、教室や会議室で行われます。教室のような比較的大きな会場では、通常の会話の大きさで話しても声が拡散し、面接官が聞き取れないことがあります。

　面接試験ではやや大きめに開けた口で、はっきりと声を出すように心がけましょう。喉ではなく、腹から声を出すようにすると、張りのある声が出せます。

　一方、面接官との距離が近かったり、比較的狭い部屋だったりする場合には、声が大きすぎるのもよくありません。会場の広さや面接官の人数に合わせて、ちょうどよい大きさの声で話しましょう。

　以上、この6つが**「面接官に伝わる表現の基本：THINKS」**です。

面接官に伝わる表現法

43 | 「間」を上手に使いこなす 〈発展編〉

ワンランク上の伝え方「BAY」

　基本編に加え、3つの発展的なポイント「BAY」を紹介します。さらなるレベルアップを目指して、取り組んでみてください。

❶ ボディランゲージ（B）

　身動きをせず問答のやり取りをすると、面接官に緊張感を与えるばかりでなく、マイナスの印象になりかねません。キミの熱意を伝えるために、ボディランゲージ（ジェスチャー）を意識しましょう。

　背筋を伸ばして、手の振りを多くすると、熱意や自信が伝わりやすくなります。 また、手のひらを見せると面接官に正直さや誠実さを印象づけることができます。

　一方、指をさす身振りは不安や焦り、腕組みは拒絶（じっくり考えている場面では有効なこともあります）、顔を触ると自信のなさ、顎を突き出すのは挑発など、面接官に悪印象を与えかねないボディランゲージもありますので、注意しましょう。

❷ （「間」を）あける（A）

　まくし立てるように息継ぎなく話をするよりも、話に間をつくる工夫をしてみましょう。

第2章　キミはどう答えるべきか？

　間は面接官の注意を引きつけて次の言葉に集中させる効果、自分の話のリズムに引き込む効果があるだけでなく、面接官がキミの話の内容を整理するという効果もあります。

　まずは、**大切な言葉を言う直前や、文章の区切りで間をあけてみましょう**。また、スピード感をもって話した直後に間を置き、ゆっくりと話し出すなど、抑揚のコントロールとともに実践するのもよいでしょう。

❸ 抑揚（Y）

　原稿を棒読みしているかのように話すと、要点を探りながら話を聞かなければならず、面接官の負担が大きくなります。また、キミの伝えたいポイントが聞き手に的確に伝わりません。もちろん冗長さはぬぐえず、面接官に悪い印象を与えかねません。

　強調したいところでは大きな声でスピードを緩めて話すなど、緩急をつけた話し方を心がけたいものです。しかも、自分では抑揚をつけているつもりでも、そのとおりにはいかないことがほとんどです。「**いつもの３倍くらいの力で演じよう**」と思うくらいがちょうどいいでしょう。

　もちろん、回答を丸暗記するのではなく、自分の言葉で答えることも必要です。情熱や意欲、人物像は伝わってしまうものです。

107

コラム

「集団面接」と
「口頭試問」のポイント

　受験生個人が試験を受ける「個人面接」が多く行われますが、ほかにも集団面接や口頭試問という形式で試験が実施されることもあります。

集団面接

　面接会場に複数の受験生を入室させ、同じ質問に答えさせる形式です。個人面接と同じ対応で問題ありません。

　集団面接はあとに答える人が不利だ（前の人に同じ回答を言われたら困るからという理由）と思われがちですが、**他の受験生があなたと同じ回答をしても気にする必要はありません。**「私も○○さんと同じく……」と答えて構いません。そのとき、他の受験生と比較されますから、理由はその受験生とは違うものを示す工夫があるとよいでしょう。

口頭試問

　面接形式で、**教科や専門分野に関する質問が行われる形式**です。英文学科では英語、数学科では数学、物理学科では物理、薬学部では生物と化学など、学部に関連する高校の教科の質問がなされます。こうした場合は、**一般入試の対策**をしておけば、十分に対応できます。

　また、学部・学科に関連した事項を尋ねられることがあります。教科書・書籍・インターネットを活用し、事前に学習しましょう。

ライバルに差をつける!

頻出質問集

　このページまでのあいだにしっかりと考えてきたキミなら、面接官の質問に自信をもって答えられるはず。

　ここでは、全国の大学でよく出る質問をまとめ、回答例を示しました。

　一般的な受験生の回答と、**本書の内容を実践した「合格させたいと思わせる」**受験生の回答を比較して載せています。

　敵は他の受験生。敵の手の内がわかれば、自ずと対策もわかります。相手が優等生なら、キミはさらなる優等生であることを伝えればいいだけです。ここまでしっかりと考えているキミなら、恐れることはありません。

　ただし、ここで肝心なのは、**事例を覚えることではない**ということです。回答から「どういう方向で答えればよいのか」をメタ化することです。

　そして「私はどう答えればよいのだろうか?」と考えて、自分なりの回答集を作ってみましょう。

　他の受験生よりも優れた回答を示せるかが合否のカギとなります。本書で学んで、回答する力を身につけてください。

頻出質問集〈Ⅰ〉志望動機

44 | 学部・学科を選んだ理由

Q あなたはなぜこの学部を選んだのですか。

△ 一 般 的 な 受 験 生

A 私は中学校の理科の教員になりたいと考えています。だから、教育学部の理科選修を選びました。理科離れが進んでいますが、私は子どもたちが理科について積極的に学んでくれるように、サポートしたいと考えています。

○ 合 格 さ せ た い と 思 わ せ る 受 験 生

A 私は中学校の理科の教員として活躍したいと考えています。大学ではとくに「生徒が主体的に学ぶにはどうすればよいのか」ということを、アクティブラーニングという視点から究めたいです。教育学部の理科選修を選んだのは、主体的な学びを行うための技法を生み出すための環境が必要だからです。子どもたちの理科離れが進んでいますが、このままでは科学技術に長けた人材を輩出することが難しくなります。私は理科という科目の奥深さをもっと生徒に知ってほしいです。

第2章 キミはどう答えるべきか？

> **ポイント**

一般的な受験生は、こういうストーリーで回答をしてきます。

❶ 将来就きたい職業を掲げる
❷ その職業に就くために大学進学が必要だと述べる

そこで、合格させたいと思わせる受験生は、こう捻（ひね）ります。

❶ 社会背景や体験をもとに、どういう研究が必要かを述べる
❷ ❶を実現するために、大学で何を学びたいのかを丁寧に説明する

まさに探究型。体験などからどういう研究が必要か、未来思考で考えています。そして、その研究を達成するためにどういうことを大学で学びたいのかを丁寧に説明しています。

可能であれば、出願後から面接当日まで、探究を続けてきたこともアピールしてみてください。成長を見せることが大切です。

そして、もうひとつ。

❸ 専門的なキーワードをちりばめる

「何のために志望学部を選んだのか」を示すだけでなく、学部に進学したい人なら知っているであろうキーワードを交えながら述べています。ただし、言葉だけを並べてはダメ。

意味はもちろん、その言葉を取り巻く議論やその行く末を理解して答えることが大切です。知ったかぶりはすぐにバレます。面接は一言一言が面接官へのアピールとなります。志望学部での学びに興味・関心があることを表現しましょう。

111

頻出質問集〈Ⅰ〉志望動機

45 志望校を選んだ理由

Q なぜ他の大学ではなく、わが大学を選んだのですか。

△ 一般的な受験生

A 独立自尊を校訓に掲げているところに共感しました。私も自分とともに他者の尊厳を守り、自分の判断で行動することが、大学で学ぶうえで大切だと感じています。私はこの校訓を胸に、貴学で勉学に励みたいと考えています。

○ 合格させたいと思わせる受験生

A 私は３Ｄプリンタと荷重測定技術を活用して、次世代のオーダーメイドシューズを製作したいと考えています。そのためには、足裏や筋肉の荷重計測や動作解析、分析を行う環境が必要ですが、その環境とご指導いただけるＡ教授がいらっしゃるという点で貴学が最もよいと考え、志望しました。とくにＡ教授はスポーツ領域の荷重計測や動作解析の分野において、第一人者です。そうした先生方や先輩から教えを受けられることを、非常に期待しています。

第 2 章　キ ミ は ど う 答 え る べ き か ？

ポイント

一般的な受験生は、大学の差は以下のように表れると考えます。

❶ 理念や校訓　　　　❷ 先輩や先生の雰囲気
❸ 研究設備や校舎　　❹ 利便性
❺ 学費　　　　　　　❻ 就職実績・資格の合格実績

合格させたいと思わせる受験生は、以下のような切り口で回答します。

自分のやりたい研究が実現できる最高の環境であること

あくまでも「（志望校は）学びの場として最高だから」というストーリーを崩しません。理念や校訓を交えながら語るのは構いませんが、「大学での学び」のほうが優先順位は高いですね。

そして、とくに大切なのは、次のことです。

教えを乞う先生方や先輩に敬意を払うこと

自信をもって語るには、キミが大学で何を究めたいのかを明らかにすること、そのためにはどの先生のもとで学ぶのがベストなのかの調査と検討をしなければなりません。

なお、専願規定がない大学では、「他の大学を志望していますか」という質問を投げかけられることがあります。併願していることは素直に答えつつ、「どちらも魅力的で迷っています」など、答え方を工夫したいところです。

113

頻出質問集〈Ⅰ〉志望動機

46 興味のある教授について

Q あなたが興味をもっているわが大学の教員を教えてください。

△ 一般的な受験生

A オープンキャンパスで模擬授業をなさっていたB先生に興味があります。大学で学ぶ心理学についての解説がわかりやすく、きっとこの先生であれば興味をもって学べそうだと思いました。

○ 合格させたいと思わせる受験生

A 私はもともと社会心理学を専攻したいと考えていましたので、B先生に興味があります。B先生の集団における社会心理学の講義も拝聴しましたが、学校の集団内のいじめ問題を社会心理学の視点で捉えている点が、私の研究したい「差別問題の心理」というテーマと結びつくところが多いように感じました。

オープンキャンパスや高大連携授業などで講義を受けたという話はよく出ますが、もしワンランク上を目指すなら、キミが研究したいことと関連づけて述べてみましょう。将来はその先生のもとで学ぶことになるかもしれませんし、面接官のなかにその先生がいるかもしれません。自分をアピールするには効果的です。

114

頻出質問集〈Ⅰ〉志望動機

47 入りたいゼミナール・研究室

Q あなたはどの研究室に入りたいですか。

△ 一般的な受験生

A 材料工学の研究室に入りたいです。とくに、建築材料の要となるコンクリートの研究をしたいと考えています。

○ 合格させたいと思わせる受験生

A C先生の材料工学の研究室に入りたいです。私の研究テーマは耐震性を確保するための建築材料の開発ですが、その要となるのは構造に関する材料だと考えています。コンクリート構造の老朽化が社会問題になっていますが、コンクリートの寿命をできるかぎり延ばすことができれば、耐震性を長期間保てると考えています。そうした研究を長年なさっているC先生のもとで学びたいです。

　面接では、入りたいゼミナールや研究室について、突っ込んで問われることがあります。結構な割合で具体的に答えられない受験生が続出します。答えられても、学問領域と自分がやりたいこととを簡単に結びつけた内容で終わってしまいます。
　ここで差をつけたいなら、**具体的にどういう研究をゼミナールや研究室でやりたいのか**を言ってしまいましょう。ここは詳細に語るほど有利になります。

頻出質問集〈1〉志望動機

48 | 将来の抱負と進路

Q 将来はどのような職業に就きたいのですか。

△ 一般的な受験生

A 私は国際関係の仕事に就きたいと考えています。大学で学ぶ英語を生かして、多国籍企業で活躍できるような人になりたいです。

○ 合格させたいと思わせる受験生

A 私は大学で研究したことを生かせる仕事をしていきたいので、今のところ選択肢は数多くあります。難民問題の解決に向けた研究をしていきたいと考えているので、人道支援をしている組織で活躍したいと思っています。ただ、難民が働く環境を整えることが彼らの生活を支えるということも知っているので、私自身がそうした支援を行う組織を立ち上げるということも考えています。

　現時点で職業を決めている人もいると思いますので、そういう人は率直に答えるでしょう。また、仕事を明確に決めていない人は「入学後に決める」という趣旨で回答する人もいそうです。
　ここでレベルを上げるなら、**大学での学びを職業選択と結びつけた回答**にしたいところです。大学でこれを学ぶから、それを仕事にこう生かしたい、というストーリーです。

116

頻出質問集〈Ⅰ〉志望動機

49 | 10年後のビジョン

Q あなたの10年後のビジョンについて、教えてください。

△ 一般的な受験生

A 10年後も就職した教育現場で同じ仕事を続けていると思います。28歳というと一通り仕事がわかってきて、教員としてようやく一人前に活躍できる頃です。楽しいクラスを子どもとともにつくっていたいです。

○ 合格させたいと思わせる受験生

A 10年後は教育に求められるものが大きく変わると思います。グローバル化と経済の縮小が起こるなかで、子どもたちにどういう力をつけていくべきか、教員として活動するなかで考え続ける日々を送っていたいです。未来を生きる子どもたちが幸せになるような教育を考え続けていきたいです。

　おそらく多くの受験生は10年後のビジョンを問われても答えられないのではないでしょうか。

　ここでは、**同じ仕事を続けていることを前提として、未来思考で考えていることをアピール**します。遠い未来にこういうリスクが起こり得るから、自分の仕事でこう解決できるように頑張っていると答えるとよいですね。

117

頻出質問集〈２〉自己アピール

50 自分の長所

Q あなたの長所を教えてください。

△ 一 般 的 な 受 験 生

A 集中力を持続できるところです。長い間、バスケットボールをやってきましたが、そのなかで長時間集中することができるようになりました。今後も学業や仕事など、あらゆる場面で重要になると思います。さらに集中力を高めるために、日々の生活のなかで工夫しようと思います。

○ 合 格 さ せ た い と 思 わ せ る 受 験 生

A 私はバスケットボールを長年やってきたなかで、全体を俯瞰する視点を身につけてきました。バスケットボールは展開が早いスポーツで、味方と敵の状況を捉えつつ、パスを的確に回す必要がありました。しかし、私はそのパスの精度が悪く、途中でパスをカットされることが多くありました。その改善のために、試合の展開を自分なりにシミュレートすることにしました。試合のビデオを見ながら、どのポジションの人がどう考え、どう動くのかを想像しつつ、パスを出す場所を決めるということを積み重ねました。こうして全体を俯瞰する癖を、学習するときにも役立てています。貴学は「政治学に強く興味を抱き、社会に貢献しようとする人を求める」というアドミッション・ポリシーを掲げていますが、私はそれに適っていると考えて貴学を志望しました。学問を究めるさいにはさまざまな専門的な領域を見つめる必要があると思います。そのときに、この長所を役立たせたいです。

第 2 章　キミはどう答えるべきか？

> **ポイント**

　一般的な回答では、体験と長所との関係性と、その長所を大学でどう生かしたいのか、その方向性を述べることが多いです。

　ここでワンランク上の回答にするために、次の流れを含めてみましょう。

❶ 体験を振り返り、そのなかから問題・課題を発見し、解決してきたことを整理する（できるかぎりマニアックに、詳細に、深掘りする）

❷ そこからどういう長所を得たのかをまとめる

❸ 大学でその長所をどう生かすのか、アドミッション・ポリシーと結びつけて述べる（大学の学びと結びつける）

　カギは**「体験で得た能力を、ほかの活動に移転できる」**ということを具体的に示すことです。

　たとえば、部活動と学習は一見関係なさそうに見えますが、使う能力が似ていることは結構あるものです。

　経験だけで終わらせず、メタ化すること。その視点を忘れずに、長所を見つけてください。

頻出質問集〈2〉自己アピール

51 | 自分の短所

Q あなたの短所を教えてください。

△ 一般的な受験生

A 頭で考える前に行動してしまうところが短所です。部活動では、顧問の先生やコーチに指示をされることがありますが、意図がわからないままに即行動に移してしまうので、失敗することが多いのです。今後はそうならないように、計画的に行動しようと思います。

○ 合格させたいと思わせる受験生

A 頭で考える前に行動してしまうところが短所です。部活動ではすぐに行動して小さな失敗をくり返していますが、それは詳細に内容を詰めないまま行動することを意味します。大学での学びでは、先人の理論や法則、考察を踏まえた実践を求められます。今後は持ち前の行動力を大切にしながら、行動の前に判断基準をもつことを忘れないようにしたいと思います。

第 2 章　キミはどう答えるべきか？

ポイント

　一般的な受験生は、短所を深く考えずに答える傾向にあります。本当のところを語るわけですが、その回答が、例のように主体性を欠く姿を映し出すことがあります。また、短所を直すという方向で論じるのはよいのですが、ほかにも手はないかと考えてよいと思っています。

　私なら、以下の戦略を考えます。

❶ 事例は主体性があることを示すものにする
❷ 短所は長所ともなることを示し、短所のマイナスイメージを払拭する。ただし、短所への反省は素直に行う
❸ 大学の学びと結びつけ、短所をどう直していくのかを述べる

　短所を反省しつつ、そのマイナスイメージの軽減を行うことがポイントです。

　そのうえで、大学での学びへの積極性をアピールして、ちゃっかり自己アピールにしようと考えます。「発言の機会は、常に自分を売り込む機会だ」と考えておくようにします。

　自分にとってマイナスなことも、プラスに変える。そういう思いを、常にもつことが大切です。

121

頻出質問集〈2〉自己アピール

52 | 自分に対する他者の評価

Q あなたについて、他者はどのような評価をしていますか。

△ 一 般 的 な 受 験 生

A 友人は私のことを明るい人間だと評価していると思います。愚痴や不満を口にすることはありませんし、私の暗い顔を見た人は友人のなかではいないと思います。

○ 合 格 さ せ た い と 思 わ せ る 受 験 生

A 第三者は、私から穏やかな印象を受けているかもしれません。自分のことを客観的に捉え、問題や課題が生じたらそれを解決しようとしていますので、結果的に自分で解決できてしまうことが多いのです。だから、他者に愚痴や不満を口にする必要もなく、心穏やかに生活できています。

　学校からの推薦書や調査書、第三者評価書の内容との食い違いがないかどうかを確認するために質問されます。したがって、事前に担任の先生や、推薦書などの執筆を依頼した人から、内容について話を聞いておきましょう。
　一般的な受験生は、他者からの印象を表現することに精一杯。ワンランク上の回答を目指すなら、**どういう努力や工夫をしてそういう評価を受けたのか、説明できるようにしておきます。**

122

頻出質問集〈2〉自己アピール

53 | 壁にぶつかったこと

Q 今まで、壁にぶつかったことは何度もあったと思いますが、そのときにどういう対処をしましたか。

△ 一般的な受験生

A 壁にぶつかったら耐え抜くことです。部活動でなかなか成績が出ないことがありましたが、練習を積み重ね、いつかは結果が出ると思いながら頑張り続けました。

○ 合格させたいと思わせる受験生

A 壁を乗り越えるためにはどうすればよいのか、立ち止まって考えることです。部活動でスコアがなかなか上がらないことがあり、スランプに陥ったことがあります。そのとき「なぜそうなるのか」と問い続けました。チームの友人やコーチにフォームを見てもらい、指摘を受けながら、地道に直していきました。壁が高くても、それは問題や課題の量が多いということなので、一つひとつその問題を解決し続けることが大切なのだと思います。

　壁にぶつかったら「努力する」「耐える」という回答はよくあるので、せっかく答えるのならば一捻りしてみましょう。壁を乗り越える過程を丁寧に説明すること、そこから学んだこと（メタ能力）を述べて締めくくるとよいですね。

頻出質問集〈2〉自己アピール

54 資格・検定について

Q 資格や検定を取得しましたか。なぜ取得しましたか。

△ 一般的な受験生

A 英検2級を取得しました。英語を勉強し続けていたので、その実力を試そうと、チャレンジしました。今後はTOEICやTOEFLにもトライしてみようと思います。

○ 合格させたいと思わせる受験生

A 英検2級を取得しました。将来は国際紛争を解決する立場で活躍したいと考えていますので、語学力が必要です。日ごろから英語については勉強していますが、その実力を確認するために英検を受けています。TOEICにも興味がありますので、トライしてみます。

　一般的な受験生だと、資格取得の理由を「実力試し」と述べることが多いです。本音では「大学受験のため」「学校で受験が必須だったので」「単なる興味」といったところだとは思いますが、口が裂けても言えませんね。
　私なら、資格取得を目指したストーリーを、将来を絡めながら話します。つまり「未来の自分に役立つ資格だから取得した」と言うのです。もし資格取得していないなら「興味があるので、今度取ります」と答えざるを得ないでしょう。苦しいですが……。

頻出質問集〈2〉自己アピール

55 | 特技について

Q あなたの特技は何ですか。

△ 一 般 的 な 受 験 生

A 人の話を聞くことです。相手の目や表情に注意し、「この人は何を言いたいのだろうか」と推測しながら聞きます。大切なのは、相手の思いを正しく受け取ることだと思います。

○ 合 格 さ せ た い と 思 わ せ る 受 験 生

A 相手の思いを正しく受け取ることです。コミュニケーションで最も大切なのは、相手が何を伝えたいのかを共有することです。言葉が拙くても、声に出したり表情に示したりすることを情報として受け取り、意図は何なのか、根気強く考えることが大切だと思います。

　特技をもっているのであれば、率直に答え、話を盛り上げればよいと思います。問題なのは、回答例のように特技のない人がどう答えるかということです。

　一般的には、長所を「特技」として読み替えることで対処することになるでしょう。ただ、せっかく述べるなら、より深い話まで踏み込んでみたいですね。なぜその長所が大切なのか、他者にどういうよい影響を与えるのか、ということまで答えましょう。

125

頻出質問集〈3〉高校生活

56 | 力を入れたこと

Q 高校生活のなかで力を入れたことは何ですか。
そこから得たことを大学でどう生かしたいですか。

△ 一般的な受験生

A 高校では部活動に力を入れてきました。私はリーダーシップをとって、部員をまとめてきました。その力を大学で生かし、リーダーとして活躍したいです。

○ 合格させたいと思わせる受験生

A 高校では部活動に力を入れてきました。私は部長だったので、リーダーシップを発揮しなければなりませんでした。ただ、どういう方法で部をまとめるべきかを考え、リーダーシップに関する勉強をしてきました。そのさい、リーダーは問題を見つけ、チームで共有し、解決の方向へ導くことが大切だということを学び、日々の活動で意識してきました。大学では主体的に活動することが求められると思いますが、そのなかで問題発見と解決という視点を忘れず、勉学に励みたいです。

> **ポイント**

　一般的な受験生は、力を入れた事柄をあっさりと説明してしまいます。また、その事柄も誰でもすぐに思いつきそうなことを挙げがちで、独自性が出にくいものです。

　そうであれば、切り口を変えるか、深掘りをするかのいずれかを考えましょう。そして、**主体性をアピールすること**です。

　ここでの回答例は、どのようなリーダーシップをとってきたのか、深掘りをしたものです。自分がリーダーシップをとることになったとき、どういうことを主体的に学ぼうとして、その試みに生かしたのかを説明しています。

　また、大学での生かし方も、大学での学びと結びつけて表現しています。

頻出質問集〈3〉高校生活

57 | 部活動と勉強の両立

Q 部活動が忙しいと思いますが、勉強とどう両立してきましたか。

△ 一般的な受験生

A 部活動が忙しかったので、勉強の時間はテスト前の1週間しかありませんでした。ただ、普段の授業のなかでポイントはしっかりと押さえてきたので、テスト勉強のときはそれほど大変ではありませんでした。

○ 合格させたいと思わせる受験生

A 部活動が忙しいなかでも、計画的に勉強ができるようにスケジュール管理をすることに力を注ぎました。英語と数学は積み上げ型の学習なので、できるかぎり毎日取り組み、ポイントを抽象化して身につけるような勉強法も覚えました。一方、地歴や理科は単元や項目別に覚える事柄が多いので、その都度ストーリー性をもたせながら整理することを意識しました。

第2章　キミはどう答えるべきか？

> **ポイント**

　一般的な学生は、部活動にかまけて勉強をおろそかにしがちです。ですから、テスト前にやっつけで勉強することになります。

　それを取りつくろって表現しようにも、勉強に対する姿勢そのものに問題があるので、あまり評価を受けないでしょう。

　それならば、**そうしたなかでもどういう勉強の工夫をしてきたのか**、説明してみてはどうでしょうか。

　どの科目にも学ぶコツがあり、それを少しでも実践していると思います。そうしたことを披露してみましょう。

　ただし、「友達にノートを写させてもらいました」のような他人頼りの勉強法は、主体性がなく、入学に不安を感じさせる回答なので好ましいとは言えません。

　工夫を示すさいにも、主体性というキーワードは欠かさないでください。

129

頻出質問集〈3〉高校生活

58 | 出身高校について

Q 出身高校の紹介をしてください。

△ 一般的な受験生

A 私の高校は地域のなかでも進学校と呼ばれています。文武両道の精神のもと、勉強だけでなく部活動や学校行事にも力を入れる高校です。

○ 合格させたいと思わせる受験生

A 私の高校は進学校でありながら、文武両道の精神のもと、部活動と学校行事に力を入れています。とくに、私の住む地域では「お祭り高校」といわれるほど、文化祭が有名です。よさこい部が中心となって、町内を「よさこい」で回るのですが、途中で地域の方も交じり、活気がある活動として有名です。私はこうした地域活性化もあるのだと気づき、人の巻き込み方を学ぶことができました。

第 2 章　キミ は ど う 答 え る べ き か ？

ポイント

　一般的な受験生は、「理念・建学精神」「部活動」「進学実績」
などをもとに、高校の紹介をします。場合によっては、立地や生
徒や先生の雰囲気を挙げる人もいるかもしれません。
　しかし、それだけで独自性を出すのは難しいでしょう。

　ここは、**具体的な事例を紹介する**ことで対処したいところです。
　まずは、キミの高校ならではの事例をいくつか探り、特徴を洗
い出しておきましょう。
　そのうえで、その活動からキミが何を学んだのか、整理してお
くとよいでしょう。ここでも、さりげなく自己アピールをしてお
くのです。

　体験や経験をそのままにしておくのではなく、それをメタ化で
きる自分、教訓や学びにつなげられる自分をアピールしてみま
しょう。

131

頻出質問集〈3〉高校生活

59 | 欠席日数について

Q 欠席日数が多いようですが、それはなぜですか。

△ 一 般 的 な 受 験 生

A 高校2年生の頃に入院をしまして、その治療のために半年ほど通院しなければならず、欠席をしました。

○ 合 格 さ せ た い と 思 わ せ る 受 験 生

A 高校2年生の頃に入院をしまして、その治療のために半年ほど通院しなければならず、欠席をしました。そのあいだの勉強が遅れそうだったので、入院中は教科書と参考書を使いながら勉強を続けました。おかげで、良好な成績をおさめることができました。ただ、実技科目は欠席のフォローが難しかったです。

第2章　キミはどう答えるべきか？

> ## ポイント

　欠席の理由を述べれば問題ありません。事情は率直に話したほうがよいでしょう。遅刻に対する回答も同様です。

　ただし、怠惰な生活が原因の場合はどう頑張ってもフォローできないので、注意が必要です。

　せっかくこの話を持ちかけられたのですから、私ならプラスに持ち込めるように説明を施します。

　欠席について尋ねてくる背景には「こんなに欠席が多くて、大学の授業についていけるのか」という懸念があるわけなので、それを払拭する回答が出せればよいのです。

　今回の回答は「欠席中も勉強したので、成績は下がりませんでした」という内容です。

　万が一、成績が下がってしまっても「努力しましたが、成績を上げることは難しかったです。○○の単元の修得に問題があったと分析しているので、いまそのフォローをしています」など、**成績が悪かった分析とともに、その改善に努めている旨を伝える**とよいでしょう。

133

頻出質問集〈4〉大学生活

60 | 建学精神について

Q わが大学の建学精神について、どう考えますか。

△ 一般的な受験生

A 「自由と進歩」ですね。自由さがあって、進歩につながるということに共感しています。私も学問や社会の進歩には自由さが欠かせないと思うので、そういう人間になれるように努力したいと思います。

○ 合格させたいと思わせる受験生

A 「自由と進歩」ですね。新しい日本を築くために必要な視点として、古い型にはまることなく、自由な発想をもとに、進歩を遂げることを目指していると伺っています。私は法律学科を志望していますが、時代に即した法制度や運用が求められていると感じています。私は「自由と進歩」の精神のもと、法律の専門家として、日本の進歩に貢献したいと考えています。

> ## ポイント

　建学精神については、深掘りをせずに、理念だけを丸暗記する受験生が多いです。とりあえず理念をかみ砕いて説明するものの、そこには深みがなく、無難な回答になりがちです。

　しっかりと答えるために、まずは**理念が成立した背景を調べる**ところからはじめましょう。大学のパンフレットやホームページにはそうした解説が記されていますので、一読してみましょう。

　そして、その精神を自分の学びに生かしたいというストーリーを準備します。

　志望する学部・学科で学ぶときに、その理念を共有することでどういう利点が生まれるのか、どう社会貢献できるのか、ということを説明してみるとよいでしょう。

頻出質問集〈4〉大学生活

61 | 学業以外で取り組みたいこと

Q 大学で、学業以外で取り組みたいことは何ですか。

△ 一 般 的 な 受 験 生

A インターンを考えています。社会経験を重ねることは、実際に社会人になるときに必要だと思いますし、就職活動でも有利だと聞いています。私は教育関係の仕事に就きたいので、そういう企業で働きたいです。

○ 合 格 さ せ た い と 思 わ せ る 受 験 生

A インターンを考えています。社会経験を重ねることだけでなく、大学での学びがどう生かせるのかを検証していきたいです。教育関連の企業でのインターンを希望していますが、教育学科での学びはそうした取り組みでも生かせるのではないかと考えています。

第 2 章　キミはどう答えるべきか？

ポイント

　最近ではインターンシップをする学生が多くなってきましたので、それを例に挙げています。もちろんアルバイト、部活動、サークル活動などを挙げても構いません。

　一般的な受験生は「就職に有利である」などという理由のもと、活動を説明しようとします。

　ただ、せっかく述べるのであれば、就職ではなく、大学の学びに結びつけてみてはどうでしょうか。**大学での学びを社会に生かす**、というストーリーです。

　学問と社会との結びつきをアピールすることは、学問に積極的に取り組もうとする姿を示すことにつながります。結果として、大学での学びに積極的であるということが、面接官に伝わるでしょう。

頻出質問集〈4〉大学生活

62 | 留学について

Q 留学をしたようですが、そのときの感想を聞かせてください。

△ 一般的な受験生

A イギリスに1年間留学していました。さまざまな国の留学生がいて、彼らの会話のスピードについていけず、自分の会話力の低さに愕然としました。ただ、少しずつ会話に慣れていくと、コミュニケーションが取れるようになりました。「習うより慣れろ」という言葉は本当だと思いました。

○ 合格させたいと思わせる受験生

A イギリスに1年間留学していました。留学の目的は語学力を高めることが主でしたが、一方で教育学という学問に興味を抱く大きなきっかけとなりました。たとえば、日本の高校は一方通行の授業が多いですが、イギリスではディベートが主だったことに衝撃を受けました。事前学習は当然で、自分の主張を伝え、その内容に対する反論と反駁をくり返すなかで、議論が深まっていくことを体感しました。日本でもアクティブラーニングが高校に広まっていくなかで、意見を交わしながら議論を深め、知恵を結集しあう教育が必要になると思います。

138

第 2 章　キミはどう答えるべきか？

ポイント

　留学経験があると、面接でその様子を問われることがあります。面接官は留学で何を学んできたのかを確認したいわけですが、多くの受験生は「語学力の向上」「異文化理解の難しさ」を回答として示します。

　差別化を図るために、私はそれ以外の切り口を含めることを勧めます。答えやすいのは、**志望動機と絡めること**です。

　今回の回答例は、教育学部志望者を想定しています。留学経験で、日本とイギリスの教育の違いを知り、そのよいところを日本に持ち込みたいというストーリーを築いています。

　このように、留学の経験を振り返り、学部・学科に関係するような気づきはなかったかを探ってみて、回答をするとよいのではないでしょうか。

頻出質問集〈4〉大学生活

63 | 大学に期待すること

Q あなたが大学に期待することは何ですか。

△ 一般的な受験生

A 大学では、いろいろな知識を吸収できるようなわかりやすい授業を期待します。わかりやすい授業だと、日々の勉強のモチベーションが上がります。

○ 合格させたいと思わせる受験生

A 「自分が学びたい」ことを探究できる環境があることを期待します。私は災害対策ロボット開発に携わりたいと考えていますが、今の課題は、災害時に通信環境が整わないなかで遠隔操作をするためにはどういう制御をすべきかだと考えています。実際にロボットを作りながら、その研究を行うことになるかと思いますが、研究室の環境とともに、○○先生をはじめとした先生方や先輩方と意見を交わせる環境がほしいです。

第 2 章　キミはどう答えるべきか？

ポイント

　この質問の意図は「大学に何を求めているのか」を尋ねることで、主体的に学ぶ姿勢をもつ受験生かどうかを選別することにあります。

　一般的な受験生は、素直に授業（もしくは教員）に対する要求を掲げてしまいます。

　要求というものは、得てして「大学は何かを与えてくれる対象」と捉えがちで、大学は主体的に学ぶ場所であるということを忘れた回答になりがちです。

　それならば、**「自分が学びたいことが自由に学べる環境」を期待するストーリー**が前向きでよさそうです。

　回答例では、そのあたりを鮮明にするため、自分の問題・課題意識を示したうえで、研究環境や先生・先輩方の支援を求めています。

　志望動機に結びつけながら論じるというのは、非常に有効だと思います。

141

頻出質問集〈5〉学業

64 │ 得意な科目

Q 得意な科目は何ですか。

△ 一 般 的 な 受 験 生

A 政治・経済です。他の科目と比べて、実際の社会に関係する内容が多く、新聞やニュースを読むきっかけになりました。

○ 合 格 さ せ た い と 思 わ せ る 受 験 生

A 政治・経済です。とくに景気変動のメカニズムについて、興味深く学びました。市場の流通通貨量の変化によって、物価や景気が変わるので、政策や為替相場の変動が日本の経済に影響を及ぼす仕組みがロジックでつながるという話が印象的でした。

　学部・学科に関連する教科を挙げることは、86、96ページで指摘しましたが、さらに気をつけたいことをここで述べます。

　多くの受験生が教科の印象を挙げがちで、なかなかディープな話まで持ち込めません。できれば、授業の内容まで深く掘り下げ、どういうところがどう興味深かったのか、理由を掲げてほしいところです。

「ここまで深く学ぼうとしたのか」と面接官に思わせた者が勝つといえます。

頻出質問集〈5〉学業

65 | 不得意な科目

Q 苦手な科目は何ですか。

△ 一般的な受験生

A 保健体育です。運動が苦手で、とくに球技が苦手です。バレーボールのサーブの試験も常にホームラン状態で、失笑を買ってしまいました。もう、笑えません。

○ 合格させたいと思わせる受験生

A 保健体育です。球技について苦手意識をもっていますが、練習を重ねるなかで、自分の課題はどこなのかを考える習慣はつけてきました。たとえばバレーボールのサーブでは、ボールを打つ位置や腕の振り方について直し、精度を高めようと努力してきました。

　少なくとも、学部・学科に関係する科目を挙げるのは避けましょう。その点は96ページで指摘したとおりです。
　苦手な様子を延々と語るのはあまり得策とは言えません。せっかくならば、どういう努力を重ねてきたのか、どう克服してきたのか、その様子を添えてみましょう。
　一方、これからどう克服するのかという話も考えられますが、やはり**「すでに克服に向けて取り組んでいる」ということを表現する**ほうが、行動力をアピールできてよいですね。

頻出質問集〈5〉学業

66 | 成績について

Q 成績があまり芳しくないようですね。

△ 一般的な受験生

A 部活動が忙しくて、定期試験では力を出せませんでした。このことについては重々反省しています。大学ではしっかりと勉強しようと思います。

○ 合格させたいと思わせる受験生

A 定期試験で力が出せなかったのは、勉強の方法に問題があったと考えています。最近ではその反省から、継続して積み上げる科目と、日々暗記をする科目で勉強方法を変えることから始めています。その効果は模擬試験でも表れていて、今では状況はよくなっています。

　総合型選抜の場合は成績が不問なことが多いのですが、調査書は大学側に渡っており、質問でそのことが問われる場合があります。

　成績の悪さを反省することは大切だとは思いますが、それを露骨に示すのではなく、今はそれを克服していることをアピールしたいところです。

　回答例のように、勉強法を変えたこと、模擬試験ではよい成果が出ていることを示すとよいですね。

頻出質問集〈5〉学業

67 授業で感銘を受けたこと

Q 高校の授業のなかで、感銘を受けた事柄はありますか。

△ 一般的な受験生

A 生物の授業です。プラナリアの再生の話は、興味深く聞きました。不思議な生き物だと感じたのを覚えています。

○ 合格させたいと思わせる受験生

A 生物の授業です。とくに、プラナリアが再生するという話は興味深かったです。この再生のメカニズムは、長い進化の過程を経てこの性質が遺伝子に組み込まれてきたと知りました。私は、こうした再生のメカニズムを解明できれば、他の生物に応用できるのではないかと考えました。それが、生物学科志望のきっかけになりました。

　取り上げる科目については、感銘を受けたものを素直に示しても問題はありませんが、できれば志望する学部・学科に関連した科目を示すのが好ましいでしょう。回答例では進学を決めたきっかけになった事柄を示しています。
　そのさい、その授業の感想にとどまらず、回答例のように、この学びをもとにどう発展できるか、というところまで踏み込んで語ると、さらによいでしょう。

頻出質問集〈6〉推薦入試

68 入試形式の選択理由

Q なぜ一般入試ではなく、総合型選抜を受験したのですか。

△ 一 般 的 な 受 験 生

A もともと貴学を第一志望としており、受験のチャンスが増えるので、総合型選抜にチャレンジしてみました。

○ 合 格 さ せ た い と 思 わ せ る 受 験 生

A 私には貴学を目指す強い動機があり、そうした意欲を評価してもらえる入試が総合型選抜だと理解しています。一般入試での受験も念頭においていますが、一方で法律学への強い興味や関心がある自分を認めてほしいという思いがあります。だから、総合型選抜を受験しました。

　よくあるのが、「受験のチャンスの拡大」を理由として挙げるケースです。実際には、総合型選抜・一般入試と受験チャンスを設ける大学も多く、そうしたことを念頭において回答することが少なくありません。
　しかし、それでは差別化が図れないので、ここでは**総合型選抜や学校推薦型選抜の実施目的やアドミッション・ポリシーに触れながら回答してみてはいかがでしょうか**。回答例では、総合型選抜の本来的な意味を理解して志望したと述べています。

頻出質問集〈6〉推薦入試

69 | アドミッション・ポリシー

Q わが大学のアドミッション・ポリシーについて、どう思いますか。また、アドミッション・ポリシーに当てはまると思うところはありますか。

△ 一般的な受験生

A 心理学に強い興味や関心を抱いている人を求めていると理解しています。私はその点が合っていると考えました。

○ 合格させたいと思わせる受験生

A 心理学の学士を授与する基準をもとに、カリキュラムや求める人材像を具体的に示していると思いました。行動心理学に興味があることは志望動機で示したとおりですが、私はその点が貴学のアドミッション・ポリシーにある「心理学に強い興味をもち、実社会に生かしていける人」という部分に合っているのではないかと考え、総合型選抜の受験を決めました。

　アドミッション・ポリシーに合っているところを指摘するのはもちろんですが、できればアドミッション・ポリシーは、ディプロマ・ポリシー（学位授与の指針）、カリキュラム・ポリシー（カリキュラム策定の指針）と関連性があることを説明できるといいですね。

頻出質問集〈6〉推薦入試

70 | オープンキャンパスの感想

Q オープンキャンパスの感想を教えてください。

△ 一 般 的 な 受 験 生

A 質問ブースで先輩たちや先生方にお会いしましたが、親身になって質問に答えてくださったことが印象に残りました。

○ 合 格 さ せ た い と 思 わ せ る 受 験 生

A 新しい学びが得られたと思いました。質問ブースで先生方に、私が学びたいコミュニケーション文化学について伺いました。異文化理解が前提にあり、その認識が国や地域、個人によって異なること、その背景には文化や価値観の違いがあることを教えてくださいました。これから他者との対話について研究したい私にとって、非常に勉強になりました。

　オープンキャンパスの話になると「先輩や先生方が親切だった」「雰囲気がよかった」「学校がきれいだった」といった話になりがちです。そこから抜け出すには、**志望動機と結びつけ、オープンキャンパスを学びの場であると認識する**とよいですね。
　どういうことを先生や模擬授業から学んだのか、それを大学での学びにどう生かしたいのかを示しましょう。

148

頻出質問集〈6〉推薦入試

71 | 受験に向けて準備してきたこと

Q 推薦入試受験に向けて、準備してきたことはありますか。

△ 一般的な受験生

A 志望動機をしっかりと練り直すとともに、高校で模擬面接をしてもらいました。とくに、表現や表記、態度やマナーの習得に力を入れてきました。

○ 合格させたいと思わせる受験生

A 志望動機を完成させましたが、まだ学べることはあると考え、書籍やインターネットニュースを読み続けました。志望動機では怪我予防の大切さを述べましたが、怪我リスクを事前に把握する方法について、調査を重ねました。

　よくあるのが、「出願書類の確認」「模擬面接」を高校や塾で対策したという回答です。高校や塾での対策は面接官も織り込み済みですので、答えても構わないでしょう。ただし、「一緒に考えた」などのように、内容を作り上げるために助けてもらったという意味合いで答えないほうがよいでしょう。「アドバイスを受けた」という立ち位置で答えてください。

　回答例は「受験日までに調べ学習と考察を行った」という内容です。**出願後も学びに対して向き合おうとしてきたことをアピール**しています。

149

頻出質問集〈6〉推薦入試

72 | 不合格だった場合はどうするか

Q 万が一、不合格だったらどうしますか。

△ 一般的な受験生

A もう一度、一般入試で受験しようと思います。

○ 合格させたいと思わせる受験生

A なぜ不合格になったのかを振り返ろうと思います。私はアドミッション・ポリシーに合っていて、学びたいことが実現できると確信をもって貴学を志望しました。もし不合格なら、その判断が誤っていたのだと思います。振り返ったあと、もう一度受験すべきか、検討します。

　今後の受験の意思確認が主な目的でしょうから、「もう一度チャレンジする」という回答も、「再度検討する」「不合格のときに考える」と言っても問題ありません。
　ただ、せっかく回答するなら、**進学について深く考えている自分をアピールする**とよいのではないでしょうか。
　回答例は「不合格の理由を振り返り、今後の受験を検討する」という趣旨です。アドミッション・ポリシーに合っているかどうかが合格のポイントなので、合っていない受験生は評価を受けないということを念頭に置き、その視点で自分のことを評価するという内容となっています。

頻出質問集〈7〉学部・学科に関連した諸問題

73 | 時事問題について

Q 最近気になるニュースについて教えてください。

△ 一般的な受験生

A SNSの誹謗中傷についてです。人を傷つけることには問題があると思い、私も使用するときには気をつけなければならないと考えるようになりました。

○ 合格させたいと思わせる受験生

A SNSの誹謗中傷についてです。名誉毀損罪や侮辱罪、脅迫罪といった犯罪行為にあたります。誹謗中傷を受けた側が削除要請や法的手段を講じる一方、書き込む側も他者の尊厳を守るという大前提を忘れてはならないと思います。

　日ごろから新聞やニュースに注目しておきましょう。また、学部・学科に関連する諸問題については、キーワードを整理しておきます。もちろん志望する学部・学科に関するニュースだけでなく、政治・経済・社会・国際・教育・医療・スポーツ・文化など、あらゆるジャンルに関心を向けておきたいところです。
　回答についても、単にニュースの紹介をするだけではなく、**そのニュースに強い関心をもっていることを示しておきたい**ものです。具体的にどういう問題があり、今後はどう解決すべきなのか、ということを言えるようにしましょう。

頻出質問集〈7〉学部・学科に関連した諸問題

74 | 読書について

Q 読書の習慣はありますか。

△ 一般的な受験生

A いいえ、本は読んでません。

○ 合格させたいと思わせる受験生

A 受験勉強のため、読書する時間はとれませんが、インターネットやテレビのニュースには目を通しています。とくにインターネットだと、速報や新しい情報が手に入れやすく、重宝しています。受験が終わったら高校や図書館で読みたいです。

この質問では、日ごろから読書習慣があるのかを尋ねています。したがって、読書をしていなければならないということではありません。ただし**「読書をしていない」とそのまま答えるのはNG**です。

もし読書をしているのであれば、その旨を伝えたうえで、どういう分野の本に関心があるか、添えてみましょう。

他方、読書習慣がない高校生も増えてきました。そのときは読書していないことを伝えたうえで、読書には関心があること、ネットなど別の手段で情報収集していることを伝えましょう。

頻出質問集〈7〉学部・学科に関連した諸問題

75 | 最近読んだ本について

Q　最近読んだ本は何ですか。

△ 一般的な受験生

A　福沢諭吉先生の『学問のすゝめ』です。独立自尊の精神のもと、学び続けることの大切さを説き、今でも多くの人のバイブルになっています。私もその教えをもとに、学び続けていきたいと思います。

○ 合格させたいと思わせる受験生

A　中山祐次郎先生の『幸せな死のために一刻も早くあなたにお伝えしたいこと』です。看護学を専攻しようとしている私にとって、死と向き合うことは欠かせないと考え、この本を手に取りました。家族が患者とどう向き合うか、死に直面したときに、私はどう向き合うのがベストなのか、ひたすら考えた一冊でした。

　書籍名と著者は言えるように準備しておきましょう。また、複数冊答えるように言われることがありますので、**学部・学科に関連するものを数冊、それ以外を数冊準備しておく**とよいですね。
　ただし、あまりに受験対策の色が濃い回答をするのは反論を受けるリスクが上がるので（たとえば慶應義塾大学志望者が福沢諭吉の著作を示すなど）、バランスを考えましょう。

頻出質問集〈8〉試験の感想

76 | グループディスカッション・小論文の感想

Q 先ほど受験したグループディスカッションの感想を聞かせてください。

△ 一般的な受験生

A 見知らぬ人々と議論し、緊張しました。でも、よい回答を見つけることができて、よかったと思います。もう少し議論に参加して、意見を言えればよかったです。

○ 合格させたいと思わせる受験生

A 私は意見の調整役として、賛否両論の意見を整理し、お互いの妥協点を探ろうとしました。そのさい、理由を尋ね、共有することに力を注ぎました。意見は一人ひとり違いますが、実は価値観や理由が近いこともあることに気づきました。他者の価値観を理解することが、議論の質を高めることにつながるのだと学びました。

　試験の感想を述べるさいに多いのが「問題の難度」「出来不出来」「反省」あたりです。その内容で終始してもよいのですが、もし示すなら**「どういう意図で回答をしたのか（主張したのか）」**など、回答の意図を面接官に伝えてみてはどうでしょうか。

　試験の回答後に、自分の回答に対してフォローが入れられるのは、めったにないチャンスです。

頻出質問集〈9〉最後の質問

77 | 最後に伝えたいこと

Q 最後に私たちに伝えたいことや尋ねたいことはありますか。

△ 一般的な受験生

A いえ、とくにありません。

○ 合格させたいと思わせる受験生

A では、お尋ねします。私が示した志望理由について、先生方のご意見を伺いたいです。そのご意見をもとに、さらに練り直していきたいと考えています。

「最後に言いたいことはありますか」と尋ねられることがあります。多くは「とくにない」と答えがちですが、せっかくの自己アピールのチャンスですから、活用してしまいましょう。

最後に、入学後の抱負を述べてもいいですし、自分の長所をアピールしても構いません。

また、回答例のように逆質問をしてもいいですね。
「先生方のおすすめの講義や研究室は何でしょうか？」
「先生方から見た貴学の特徴や長所を伺いたいです」
「先生方のご専門と、そのおもしろさをぜひ教えてください」
など、積極的に大学や先生方についての質問を投げかけてみましょう。興味深い話が聞けるかもしれません。

第 2 章　ま と め

☐ 面接のABCのBは「build（主張を組み立てよ!）」。

☐ 面接の答え方のしくじりパターンは「ウソつき型」「知ったかぶり型」「沈黙型」の3つ。

☐ 面接を怖く感じさせているのは、面接官ではなく受験生自身。

☐ 厳しい面接官を想定して準備しよう。

☐ よい答え方の基本は「面接官の意図を読み取る（I:意図把握）」「まずは答えを言う（I:意見）」「理由を説明すること（R:理由説明）」の3つ。それが「ピラミッド型面接の答え方メソッド:IIR」。

☐ ヤバい面接官の質問パターンは「具体型」「迂回型」「転覆型」の3つ。

☐ 具体型の質問は、十分な下調べが効く。

☐ 迂回型の質問は、提出課題を前提にして答える。

☐ 転覆型の質問は、付け焼刃では答えられない。探究心による日々の積み重ねが大切。

☐ 面接官に伝わる表現の基本は「（声の）トーン（T）」「話す速さ（H）」「印象のよい言葉遣い（I）」「（文の）長さ（N）」「（話し方の）癖を知る（K）」「声量（S）」の6つ。THINKSと覚えよう。

☐ ほかには「ボディランゲージ（B）」「（「間」を）あける（A）」「抑揚（Y）」も気をつけたい。BAYと覚えよう。

❗ **問題** 第2章で学んだ事柄を、絵や図にしてまとめてみましょう。

第 **3** 章

キミは
自分をどう
魅せるか？

C：change

[デキる自分に変わろう！]

第3章　キミは自分をどう魅せるか？

159

面接試験のマナー

78 | 入室した瞬間から チェックされている

最後の仕上げとしてデキる自分に変わろう

キミが入室する瞬間から、試験は始まっています。面接官はキミの本当の姿を見抜こうと目を光らせ、ネガティブチェック（受験生のあら探しをすること）をしています。

ここで押さえておきたいのが、「面接のABC」のC。

change（デキる自分に変わろう！）

今まで、これだけ準備してきたわけです。その努力の積み重ねをもとに、「デキる自分」に変わるための工夫をしましょう。最後の仕上げです。

面接官はキミが試験会場に入室するときから、観察しています。そうして仕入れた情報によって第一印象や先入観ができ、評価に影響を与えます。第一印象がよいと合格させようという意識が働くし、悪いと落とそうとする質問を投げかけようとするものです。

注目されているところは、❶マナーと❷品格の２つ。

❶ マナー

面接試験には特有のマナーがあり、「面接会場という公の場にふさわしい行動ができるかどうか」ということを面接官

第3章　キミは自分をどう魅せるか？

は見ています。面接官のネガティブチェックをクリアするためにも、マナーの習得は欠かせません。

❷ 品格

面接官は、キミの振る舞いや態度、しぐさを観察しています。**その姿に日ごろの行動が表れる**からです。身だしなみを整える方法や身のこなし方を学び、品格のある高校生らしく振る舞えるようにしましょう。

マナーと品格は盾になる

マナーを守り、品格を保つことは、面接官とのコミュニケーションを円滑にするための「盾」のようなものです。

面接官は「面接試験に来るなら、マナーを知っているよね」という見方をしますので、「この受験生、無知だな」と思わせた時点で勝負は終わります。

ポイントは「**場に即した振る舞いができるかどうか**」です。目上である面接官を敬う「心」を常にもち、その心を「マナーを守っている」という行動や態度で示さなければ、面接官の「心」を開くことはできず、キミのよさをアピールすることも難しいでしょう。最も重要なのは、「相手を尊重する振る舞いをする」ということです。マナーを守ること、品格を保つことは、面接官に敬意を払うことにつながるのです。

161

入退室の流れ

79 | 入室時の第一印象が合否を左右する

試験会場に入るときから勝負が始まる

　面接試験の対策に取り組むさい、まず面接試験のマナーを身につけることが欠かせません。マナーを守れる受験生であるかどうかで、キミの品性の有無が判断されるのです。

　心理学者のメイヨーは、人を観察する能力が高い人は初頭効果に影響を受けやすいと指摘しています。初頭効果とは、人の印象を形作るときや判断を下すとき、最初に示された情報がとくに影響を与えることをいいます。

　だから、**面接官が抱く第一印象が合否を左右する**ものだという意識をもって、対策に取り組む必要があります。とくに入室のときはとても重要です。

　たとえば、入退室時のノック、ドアの開け閉め、立ち位置、挨拶など、面接官の心証を悪くしないように訓練をしなければなりません。

第 3 章　キミは自分をどう魅せるか？

―――――― 入室時のチェックポイント ――――――

☐ 控室では、自分の順番が来るまで静かに待ちます。
☐ 名前が呼ばれたら、大きな返事をし、係の人の誘導に従います。
☐ 入室するときは、手ではっきりとノックします。なお、プロトコールマナー（国際標準マナー）では、入室のときのノックは3回以上とされています。
☐ 部屋のなかからの返事を確認したら、「失礼いたします」などと言い、両手を使って静かにドアを開けます。
☐ 両手を使い、ドアを閉めます。できるかぎり、自分のお尻を面接官に向けないようにします。
☐ 面接官に向かって、さわやかな笑顔とともに「失礼いたします」などと言い、敬礼します。
☐ 分離礼（言葉を言ってから、お辞儀する）が基本です。

【入室の流れ】

入退室の流れ

80 | 着席するのは面接官に 促されてから

歩き方も見られている

席に着くまでの歩き方にも注意しましょう。背筋を伸ばし、視線をまっすぐ前へ向け、速やかに歩きます。

椅子の横に立つ場所は、下座（目下の人が座る座席）側です。 入口から最も遠い席（場所）が上座、入口に近くなるほど下座になります。入口のドアに近い側に立てば、問題ありません。

着席する前に受験番号・学校名・氏名などとともに「よろしくお願いします」と言います。そのあと、着席を促されますので、面接官の指示に従います。

ここまでで、うまくいかないこともあると思います。でも、小さなミスはあまり気にしないことです。面接官は、受験生が緊張していることを理解しています。

第 3 章 キミは自分をどう魅せるか？

―――― 着席時のポイント ――――

☐ 背筋を伸ばして席のそばまで速やかに歩きます。
☐ 席の横で一度姿勢を正します。
☐ 面接官に受験番号・学校名・氏名などを言うように促されたら、「受験番号○番、○○高等学校の○○です。よろしくお願いします」などと言い、最敬礼（敬礼も可）をします。
☐ 面接官に着席を促されたら、「失礼します」と言ってから、席に座ります。
☐ 荷物は椅子の横側、下座に置きます。置き場所の指定があれば、指示に従います。

【着席の流れ】

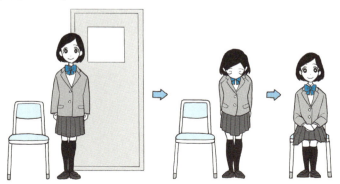

入退室の流れ

81 | 質問には飾らずに答える

質問に答えられないときも率直に

尋ねられた質問には、率直に答えましょう。

面接官に伝わるような言葉づかいで、ときには面接官の質問をうなずいて聞いたり、ボディランゲージを用いながら答えたりして、試験に積極的な姿勢をアピールします。決して**ウソをついたり、飾ったり、ごまかしたり、知ったかぶりしたりしてはいけません**。

質問を聞きのがした場合は、「恐れ入りますが、もう一度質問を伺えますでしょうか？」などと、面接官にお願いしてみましょう。決して、**質問がわからないまま答えてはいけません**。

また、質問に答えられない場合は考える時間をもらいます。「申し訳ありません。今はすぐに答えられません」などと、クッション言葉とともに率直に答えましょう。このあとに「帰宅次第、調べてみます」などと、前向きな回答をしても構いません（76・77・87・89ページ参照）。

―― 応答時のポイント ――

☐ 姿勢を正し、生き生きとした表情で、面接官の目を見て答えます。
☐ 面接官が複数いるときは、質問者を中心に、すべての人に目配りするとよいでしょう。
☐ 質問をよく聞き、正しく答えます。
☐ 言葉づかいに注意しましょう。話し言葉や若者言葉を用いず、敬語を上手に用います。
☐ 質問が理解できなかったときは、面接官に再度尋ねましょう。
☐ 質問に答えられないときは、面接官に考える時間をもらうか、答えられない旨を伝えましょう。

入退室の流れ

82 | 退室時の印象も評価を左右する

最後まで気を抜いてはいけない！

　試験会場を退室するまでが面接試験です。**入室時もさることながら、退室時も面接官の評価に影響を与えます**。質疑応答が終わったら、感謝の意を込めて、面接官にしっかりとお礼を述べます。

　そして、速やかに退場します。最後まで正しい姿勢、さわやかな笑顔を保ちましょう。

　なお、人の印象を形作るときや判断を下すとき、判断の直前に提示された情報が影響を与えることを**新近効果**といいます。去り際も印象に残りやすいので、注意しましょう。

退室時のポイント

- ☐ 面接終了の合図があったら、座ったまま「ありがとうございました」と言いましょう。
- ☐ 椅子の横に立って、「失礼いたします」と言い、最敬礼をします。
- ☐ 分離礼を欠かしてはいけません。
- ☐ ドアの前まで速やかに進み、面接官のほうを向き、敬礼します。
- ☐ なお、面接終了の合図があったら、すぐに椅子の横に立ち、「ありがとうございました」と言って最敬礼しても構いません。そのさい、ドアの前まで進んで敬礼するとき、「失礼いたします」と言うとよいでしょう。
- ☐ 両手を使い、ドアを開け、速やかに退出します。
- ☐ ドアを閉め、部屋の前から速やかに立ち去ります。

【退室の流れ】

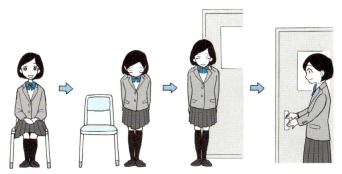

高校生らしい身だしなみ

83 | 「見た目」で評価が変わる!

「品格ある高校生」を目指そう

　面接官は試験会場でのキミの様子から、品格のある高校生か否かを見抜きます。そして、面接官はそうした情報をもとにして、第一印象（人に接したとき、最初に受けた感じ）を形作ります。そして、その印象は質疑応答の評価に影響を与えてしまいます。

　試験で同じ返答をしても、受験生が発する視覚情報によって評価が変わることもあり得るということです。よって、キミ自身のよさを面接試験でアピールするためには、第一印象をよくすることが欠かせません。

　そのためには、見た目で品格のある高校生であることがわかるように努めなければなりません。その大きなポイントは**「身だしなみ」と表情・姿勢・歩き方・礼といった「身のこなし方」**です。面接官に対して敬意を払い、美しい立ち居振る舞いを身につけ、面接試験に臨んでほしいものです。

❶ 髪型
　髪を整えて、清潔に保ちましょう。

【男子の場合】
　目にかからない程度の前髪、襟足は短くし、耳にかからな

い程度の髪の長さが好ましいでしょう。香りの強い整髪料や品のないツヤが出るものは使わないこと。染髪、ボサボサの髪、長髪、長いもみあげ、髪をワックスで立たせたヘアスタイルは論外です。

【女子の場合】

長さはどの程度でも構いませんが、**お辞儀をしたときに髪型が崩れない**ようにしておきます。髪が長いときは、黒いゴムで耳にかからないようにまとめます。

また、顔をしっかりと出すようにするため、前髪は眉毛が見える程度の長さにしておくのが理想です。前髪をピンで留めるなど、目にかからないようにしておきましょう。染髪、パーマは論外です。

❷ 髭（男子の場合）

試験当日の朝、しっかりと髭を剃りましょう。剃り残しや無精髭は目立ちますので、避けたいものです。顎の下は剃り残しが出やすいので、鏡でチェックしましょう。

❸ 口

口臭に注意しましょう。試験当日の朝、歯磨きをするのは当然のことです。また、舌苔（舌の表面についた白い汚れ）を取ったり、口内の乾燥を防ぐために水分をこまめに取ったりすると、口臭を防げます。

❹ 肩

　肩口に落ちたフケや髪の毛を、しっかりと取り除きましょう。試験当日の朝だけでなく、試験直前にもチェックしておくとよいでしょう。携帯用のエチケットブラシを持参しておくと便利です。

❺ シャツ

　ジャストサイズのシャツを選びましょう。試験当日は、アイロンをかけたシャツを着用すること。糊の利いたシャツを着るだけで、引き締まった気持ちになります。また、着用のさいは、第一ボタンまで留めます。

❻ ボタン

　制服のボタンをしっかりと留めましょう。ブレザーの場合は一番下のボタンだけを外すのが一般的ですが、高校によって異なりますので、校則に従ってください。

【男子の場合】
　詰襟の学生服の場合は、襟元のホックとすべてのボタンを留めます。

❼ ネクタイ・リボン

　ネクタイやリボンは、シャツの第一ボタンが見えないようにしっかりと締めます。

第 3 章　キミは自分をどう魅せるか？

【ネクタイの場合】

プレーンノット、ウインザーノット、セミウインザーノット、ダブルノットなど、結び方はいろいろあります。長さは大剣がベルトのバックルに半分かかる程度がベストです。

❽ ポケット

ポケットが膨らむほど、なかに物を入れてはいけません。ハンカチ程度にしましょう。また、ポケットの蓋は必ず外へ出しましょう。

❾ ベルト

尾錠留め（ピンバックル）の革のベルトなど、**ビジネス用のシンプルなもの**を用意しましょう。また、黒の革靴ならば、ベルトの色は黒にするなど、靴とベルトの色を合わせるとよいでしょう。二つ穴（ダブルピンバックル）のベルトや、華美なバックルのもの、カジュアルな雰囲気のベルト、布製のものなどは避けましょう。高校の標準ベルトがある場合は、それを着用します。

❿ 指先

爪を切り、清潔に保ちましょう。爪の間の汚れや長い爪は不潔な印象を与えてしまいます。**マニキュアは禁止**です。

173

⓫ パンツ・スカート

しっかりとプレスし、折り目をつけておきましょう。ホツレや破れは補修するか、修理が必要ないパンツやスカートを準備すること。

【男子の場合】

裾の長さはクッション（裾が靴にかかる部分のたるみ）で確認しましょう。ワンクッション（裾が甲にあたり、軽く一段たるみが出る）、ハーフクッション（裾が甲にあたるかあたらないかくらいで、一段まではたるまない）、ノークッション（裾が甲にあたらず、たるみが出ない）のいずれかがよいでしょう。長すぎたり、短すぎたりするのは好ましくありません。

【女子の場合】

高校標準のスカート丈にします。面接を受けるときには椅子に座りますが、着座するとスカートが上がり、必然的に丈が短くなります。短いスカートの場合、着座時にはさらに短くなり、脚があらわになります。そうした姿は面接官にだらしない印象を与えてしまいますので、丈は適度な長さにしましょう。

⓬ ソックス

男子の場合はビジネス用の黒いソックス、女子の場合は黒か紺のハイソックスなど、華美でない靴下を履きましょう。

くるぶしソックス、柄物、派手な色のソックスは避けましょう。学校指定のソックスがある場合は、それを着用します。

⓭ 靴

手入れが行き届いた靴を準備しましょう。できれば革靴が望ましいでしょう。踵(かかと)を履きつぶしたもの、革が擦れて傷がついたものは補修するか、新たな靴に買い替えましょう。学校指定の靴がある場合は、それを着用します。

高校生らしい身のこなし方

84 | 「表情」は心のありようを映す

話すときは上の歯が見えるように

　表情はキミの心のありようを映し出します。緊張している
様子は硬い表情に表れますし、しっかりとした表情は意志の
強さを感じます。

- ○　明るい表情が基本。熱意や意欲を伝える場面では、
   真面目な表情を。
- ×　無表情は厳禁。しかめっ面は、不機嫌に見えます。

- ○　基本は微笑。口を閉じたまま、少しだけ口角を上げ
   た程度の笑顔を保ちます。
- ×　への字口や、口を真一文字にしていると、表情が硬
   く見えます。
- ×　口を開けっ放しにするのは、間抜けに見えます。

- ○　話すときは上の歯を見せるように意識すると、会話
   のあいだも自然に笑顔がつくれます。
- ×　口を開かずにボソボソと話すと、内気で消極的な人
   であるかのように見えてしまいます。
- ○　目線は上に、話すときは面接官の目を見ましょう。
   面接官が複数いる場合、基本的には質問を発した面
   接官に目を向けて話しますが、時折、他の面接官に

目を配るとよいでしょう。面接官の目を見て話すと、相手の好意を獲得することができます。ただし、見つめすぎると威圧感を与えますので、時折目線を外しましょう。

× 目線を下にしたり、面接官と目を合わせないようにしたりすると、内向きな性格であるかのように見えてしまいます。また、目線が定まらないのも、落ち着きがないように見えます。

○ まぶたを持ち上げ、目を開くようにしましょう。目がキラリと輝きます。

× うつろな目をしていると、暗い印象を与えてしまいます。

高校生らしい身のこなし方

85 | 謙虚な「姿勢」で 面接官との信頼関係を築く

身のこなし方も第一印象を左右する

　　身だしなみとともに第一印象の決め手になるのが「身のこなし方」です。目上である面接官に対して謙虚な姿勢であり続けるために、限られた試験時間のなかで面接官との信頼関係を築くために、美しい姿勢を身につけましょう。

―――――― 直 立 不 動 時 の ポ イ ン ト ――――――

☐ 胸を張り、背筋を伸ばします。

☐ 頭を傾けず、まっすぐにします。

☐ 顎を引きます。

☐ 腕は体の横につけ、手は指先までまっすぐに伸ばします。

☐ 片足だけに重心がかからないように、まっすぐ立ちます。

☐ 踵をつけ、男子はつま先を開き、女子はまっすぐにしておきます。

☐ 歩くときは、まっすぐの姿勢を保ったまま、歩き出します。

第3章　キミは自分をどう魅せるか？

着席時のポイント

- ☐ 背もたれに寄りかからない程度に、深めに腰掛けます。
- ☐ 正面を向き、顎を引きます。
- ☐ 胸を張り、背筋を伸ばします。
- ☐ 男子は軽く拳(こぶし)をつくり、両膝(ひざ)のあたりに添えます。
- ☐ 女子は手のひらを重ね、膝のあたりに添えます。
- ☐ 両足ともに踵を床につけます。
- ☐ 男子の場合は、拳ひとつ分程度を目安に足を広げます。
- ☐ 女子の場合は、膝をつけて足を揃えます。

【着席時の姿勢】

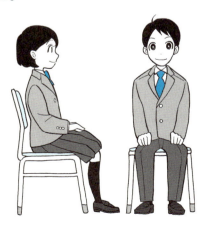

高校生らしい身のこなし方

86 │ だらしない「お辞儀」はNG

しっかりしたお辞儀は期待感につながる

「身のこなし方」で面接官の第一印象が変わりますし、ときに受験生の人格まで想像させてしまうものです。

だらしないお辞儀をする受験生によい印象をもつことはありませんし、しっかりとしたお辞儀ができる受験生には期待感を抱くことでしょう。

―――― お辞儀のポイント ――――

☐ 手は指先までまっすぐに伸ばしたまま、体の横に沿わせておきます。

☐ 挨拶をするときは、言葉を述べてからお辞儀をしましょう（分離礼）。

☐ 直立不動のまま、面接官の目を見ます。

☐ 面接官に体を向けます。頭や目だけを向けてはいけません。

☐ 腰より上はまっすぐにして、上体を前方に曲げます。頭だけを下げたり、上げたりしません。

☐ 上体を前方に曲げたあと、少し止めておきます。

☐ ゆっくりと上体を起こします。

☐ 顔を上げたとき、面接官の目をしっかり見ます。目を逸らしてはいけません。

お辞儀の種類

❶ 会釈
　15度ぐらい上体を前方に曲げます。最も軽い礼です。廊下で人とすれ違ったときの挨拶などに行います。

❷ 敬礼
　30度くらい上体を前方に曲げます。一般的なお辞儀です。面接会場の入室・退室時に用います。

❸ 最敬礼
　45度くらい上体を前方に曲げます。目上の方への挨拶のときに用いる、あらたまった礼です。面接開始前・開始後の挨拶のときに行います。

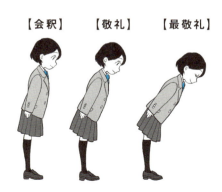

受験1週間前からの準備

87 | 受験会場の下見をしよう

落ち着いた状態で本番に臨む

　面接試験に安定した状態で臨むため、受験1週間前から入念に準備をしておきましょう。

❶ 生活のリズムを整える

　朝型の生活に切り替えるようにしましょう。試験の多くは午前中に始まります。試験の始まる時間に頭がはたらくように、体を慣らしていくことが大切です。

　体内時計は朝日を浴びることでリセットされるといわれています。受験勉強で夜型になっている人は要注意。

　食事をきちんと食べることも大切。食事をすることで、脳がはたらき始めます。また、朝食をとることでも体内時計がリセットされるとのことです。朝・昼・晩の食事をバランスよくとるように心がけましょう。

　また、**体調管理をしっかりと行うことも欠かせません**。受験当日に体調を崩してしまっては大変です。風邪をひかないように、うがいや手洗いをする、体を冷やさないといったことに注意しましょう。

182

第 3 章　キミ は 自分 を どう 魅 せる か ？

❷ 受験会場までの交通手段・時間を確認する

受験会場の下見をしておきましょう。

さらに、受験会場までどうやって行くか、どれくらい時間がかかるか、下見をしておくとよいでしょう。乗る電車・バスの時刻や運賃なども調べておきます。

できれば、**受験当日と同じ時間帯に下見をしておく**と、朝のラッシュ状況なども確認できます。

受験当日、トラブルで交通機関が動かなくなる可能性もあります。別の行き方も考えておきましょう。

❸ 宿泊先の手配をする

遠方で宿泊が必要な人は、宿泊先の手配を始めましょう。受験校近隣のホテル・旅館は早いうちから満室になることもあるので、できるかぎり早い手配が好ましいといえます。

もし近隣に泊まれない場合は、最寄り駅にアクセスしやすい宿泊先を選ぶなど、工夫が必要です。

受験前日の準備

88 | 持ち物は前日にすべてチェック!

チェックリストで忘れ物を防ぐ

　受験前日は、緊張して準備にヌケやモレが出やすいものです。心を落ち着けて、入念な準備を心がけましょう。

❶ 当日の天気予報を確認する

　大雨や雪の場合、交通機関に遅れが出ることがありますので、早めに出発する必要があります。

　また、寒さ・暑さなどで、服装や持ち物を追加する必要があります。

❷ 服装・持ち物を確認する

　当日着ていく服や靴をチェックし、着ていくものを揃えておきましょう。服がしわになっていたり、靴がよごれていたりしないかも確認しておきます。

　受験会場に持っていくものも事前にチェックします。

　次ページのチェックリストを参考にして、持っていくものを点検しましょう。

必ず持っていくもの

- □ 受験票
- □ 鉛筆またはシャープペンシル
- □ 消しゴム
- □ お金　※交通系ICカードなどがあれば準備する
- □ 受験会場周辺地図
- □ 学校連絡先のメモ
- □ ハンカチ
- □ ティッシュ
- □ 生徒手帳

必要であれば持っていくもの

- □ 弁当
- □ 防寒具・雨具
- □ 薬　※体調によって必要なものを持っていく
- □ 携帯電話・スマートフォン

学校によって必要なものが異なる場合があります。入試要項や受験票に書かれている「受験上の注意事項」などを見て、必要なものを確認しておきましょう。

前日の夜に準備すると、足りないものが見つかったときに間に合わないことがあります。準備は昼間にしましょう。

また、当日の朝に持ち物をかばんに入れようとすると、忘れてしまう危険性があります。必ず前日にはかばんに入れておきましょう。

受験前日の準備

89 | 食事や入浴にも気をつかう

❸ 受験票を確認する

複数の学校を受験する人は、受けに行く学校のものかしっかり確認しておきましょう。他大学のものと間違えないように。なお、受験番号は面接のさいに尋ねられることがあります。しっかり覚えておきましょう。

❹ 時間の確認をする

受験会場の集合時刻を必ず確認しておきましょう。**集合時刻の30分前には着くように予定を立てます**。ギリギリの時間に家を出ると、遅刻する危険性があります。

❺ 受験番号の控えを取っておく

受験番号を控えておきましょう。万が一、受験票を忘れてしまったり、なくしてしまったりした場合に必要です。受験番号を受付に申し出て、本人だと確認できれば、受験票を再発行してもらえることがあります。

❻ 受験校と高校の電話番号を控えておく

受験会場に行けなくなってしまったとき、連絡する必要があります。受験校の電話番号を控えておきましょう。

高校へ連絡する場合もあります。高校の電話番号も控えておくのがよいでしょう。

第3章　キミは自分をどう魅せるか？

❼ 食事・入浴・睡眠に気をつける

受験の前日は消化のよいものを食べましょう。試験が近づくとどうしても緊張してきて、胃腸の調子が悪くなることもあります。

また、風呂には早めにゆっくりと入るようにします。ぬるめのお湯にゆっくりつかると、体の疲れが取れます。**寝る直前に入ると、頭がさえて眠れなくなることがある**ので、気をつけてください。

しっかりと睡眠をとるのも大事。前日は夜遅くまで勉強せず、軽く要点をさらっておくくらいにしましょう。翌日に備えて、早めに寝ることです。

❽ 翌日の起床時刻を確認する

余裕のある時刻に目覚まし時計をセットします。**脳の活動がよくなるのは、朝起きてから2〜3時間後**といわれています。受験当日は、試験開始の3時間前には起きられるように目覚まし時計をセットしましょう。

187

受験前日の準備

90 | 緊張を防ぐ3つの特効薬

面接試験の最大の敵・緊張

　面接試験での失敗で最も大きな要素は、「緊張」です。適度な緊張は試験を受けるさいにはよいのですが、過緊張の状態になると、支障をきたします。では、ヒトは過緊張状態になるとどのようになってしまうのでしょうか。

（1）自律神経の緊張
喉が渇いたり、汗をかいたり、唾液がネバネバしたりします。心拍数が上昇します。

（2）注意力の低下
注意力が散漫になり、落ち着こうとすると余計に焦ってしまいます。

（3）運動機能の混乱
体がスムーズに動きにくくなります。歩くときに右手と右足を同時に出してしまうことがあります。

（4）不安・劣等感情
失敗しないかと不安になったり、面接官が落ち着いているように見えることから自分が劣っているように見えてしまったりします。

　緊張すると、話し方が乱れ、話の筋が通らずに支離滅裂な回答をしてしまいます。また、回答しても、「○○とはどういうこと？」「なぜ△△になるの？」など、その内容につい

て深く突っ込まれると、頭が真っ白になり、回答できなくなってしまいます。面接をクリアするためには、「緊張」との戦いが欠かせません。そのための方法をいくつか紹介します。

❶ 緊張している自分を認知する

「自分はなぜ不安や恐怖に陥っているのだろうか」と考え、文字にしてみます。意識的に自分の状態をモニタリングしようとすると、感情を抑制できるといわれています。

❷ 別の事柄に没頭する

同じく感情を抑制するために、自然と考えに没頭できるような作業をします。たとえば、計算をすること。3×3をやり、9。9×3をやり、27。27×3をやり……と続けると、だんだん複雑になって、計算を一生懸命やりはじめます。そうすると没頭状態になり、感情を忘れてしまうそうです。

❸ あえて緊張状態を作りだして模擬面接を受ける

自分が緊張する場面を具体的に紙に書きだします。感情を言葉にし、鮮明に思い出すように努めます。頭が真っ白になる状態をあえて作りだして模擬面接を行います。終了後、そのときの感情の状態や思考をすぐに振り返り、改善策を考えます。これをくり返すと、行動に直結する感情や思考を変化させることができるといわれています。

受験当日の注意

91 | もう一度、持ち物をチェック!

余裕をもって出発しよう

さて、とうとう試験当日になりました。今までこの本で学んできたことをすべて出し切って、キミの思いを面接官に伝えてきましょう。

❶ 朝起きてからの注意

朝食は必ず食べること。**朝食を食べないで行くと、脳がうまくはたらきません**。体内時計をリセットするためにも、必ず食べて出発しましょう。

また、トイレ（大）を済ませておきましょう。腸は食事のあとに動き出すので、朝食は余裕をもってとっておくことが大切です。

❷ 出発前の注意

家を出る前に、もう一度持っていくものを確認しましょう。**とくに受験票を忘れると大変**なので、しっかりと確認してください。

❸ 身だしなみをチェックする

自分の姿を鏡で見て、服が乱れていないか、ネクタイやリボンが曲がっていないか、髪は整っているか、などを確認しましょう。

第 3 章　キ ミ は 自 分 を ど う 魅 せ る か ？

❹ 早めに出発する

　当日は何が起こるかわからないので、余裕をもって出発しましょう。

❺ 今までの努力の積み重ねを振り返る

　試験場へ向かう途中、今までやってきたことを振り返りましょう。これまで積み重ねてきた努力、調べ学習、思考の足跡を見つめ直すと、「これだけ頑張ってきた」ということを認知することができます。

　学びの蓄積が、キミの支えになります。自分を信じて試験会場へ向かってください。

❻ 本書をお守りがわりにする

　本書は、私の面接対策の集大成です。私は、ここまで読んでくれたキミの味方です。試験が終わるまで、しっかり見守ります。お守りとして、試験会場まで持っていってください。

試験直前から終了後の注意

92 | 家に帰るまで気を抜かない

試験前から試験中の注意

　試験会場に入ってからも油断は禁物です。心置きなく試験を終えるために、細心の注意を払いましょう。

❶ 受験校の先生の指示をよく聞き、従う

　黒板などに書かれた指示なども読んで、守りましょう。

❷ トイレを済ませておく

　トイレの場所を確認して、早めに行っておきましょう。

❸ ポケットの中身を確認する

　持ってきた参考書やメモなどを入れたままにしておくと、不正行為とみなされます。気をつけましょう。

❹ トラブルが起こってもあわてない

　試験中に具合が悪くなったり、トイレに行きたくなったりしたら、あわてず静かに手を挙げて試験官に伝えましょう。

❺ 自信をもって試験に臨む

　本書でしっかり対策をしてきたのだから大丈夫。私、そしてキミ自身を信じて、試験を受けてきてください。

試験終了後の注意

試験が終わっても気を抜いてはいけません。家に帰るまでが試験と心得ておきましょう。

❶ 寄り道せず、家に帰る

おうちの方はキミの試験の様子が気になっています。また、高校の先生方もキミの無事な帰宅を望んでいます。まっすぐ家に帰りましょう。

❷ 受験票は持ち帰り、きちんと保管する

合格発表のときに受験番号が必要になりますので、必ず残しておきましょう。

❸ 頑張った自分を褒めてあげる

どのような結果にせよ、今までキミは努力してきたわけです。本当にお疲れさまでした。ここまで頑張ってきたキミをどうぞ褒めてあげてください。そして、ゆっくり休んで、合格発表まで、心穏やかに過ごしましょう。あとは運を天に任せるのみです。

オンライン面接の攻略

93 | 事前準備（1）　オンライン環境を整える

固定回線か、無線回線か

　昨今ではオンラインで面接を実施する大学もあります。オンライン面接を行うためには、インターネット回線を準備しなければなりません。

　保護者の方と確認しながら、各家庭でベストな方法を探っておきましょう。

❶ 固定回線

　自宅に光回線を導入します。光ファイバーケーブルを用いた回線です。マンションの場合、あらかじめ光回線を各部屋に通しているところもあります。もし、無い場合、もしくは戸建て住宅の場合は開通するための工事が必要となります。新規に工事を行う場合は工事日まで時間がかかりますので、ゆとりをもって準備する必要があります。また、マンションによっては工事が難しいこともありますので、その場合は無線回線を検討します。

　固定回線を引いたあと、宅内にWi-Fiルーターを設置して無線で通信を行うこともできますが、場所によって電波が届きにくいことがありますので、事前に確認しておきましょう。必要に応じてWi-Fiルーターを増設したり、有線LANで対応したりすることも検討します。

❷ 無線回線

　光回線のような工事が不要で、専用機器を設置するだけでインターネット環境を整えることもできます。ただし、光回線のほうが通信速度と安定性に優れています。また、契約内容によっては容量や速度に制限がかかる場合があります。家族で動画視聴等を行っている場合、その制限にかかる可能性がありますので、注意が必要です。

　なお、スマートフォンやタブレットの電話回線を用いて通信をすることもできます。ただし、データ容量に制限があったり、電波が届きにくいところもあったりします。また、学校から支給されたタブレットの場合、アプリの使用制限がかかっている場合もありますので、事前に確認をしておきましょう。

インターネット環境が整わない場合

　事情があって、自宅にインターネット環境が整えられない場合は、親族や高校に相談しましょう。親族の家や学校にWi-Fi環境が整っている場合は、その使用が許されるかどうかを大学に確認します。

オンライン面接で用いるツールを準備しよう

　大学からの案内文には、どういう準備が必要か示されています。推奨するブラウザやアプリ、ダウンロード方法など、

よく読んで準備しておきましょう。

とくに、自分の姿を映すためのカメラと、音声を拾うマイクが必要です。パソコンやスマートフォン、タブレットに内蔵されているカメラを用いるのが便利です。パソコンの場合はカメラを別途購入しなければならない機種もあります。マイクは本体内蔵のものを用いるのもよいですが、マイク付きのヘッドホンやイヤホンを用いると、外部環境の音を拾いにくいのでお勧めです。

面接ツールの確認をしよう

大学から面接のためのツールが指定されます。たとえば、Zoom、Google Meet、Skype、Cisco Webex など、それぞれシステムの使用方法が異なりますので、大学からの指示に則って対応します。また、検索エンジンを用いると、それぞれのアプリの使い方を調べることができますので、困ったら保護者の方と一緒に取り組んでみましょう。

面接を受ける場所は
自宅の静かな部屋がベスト

面接を受ける場所は慎重に選んでください。自宅の静かな部屋が望ましいです。また、騒がしいところや自分の声が響いてしまうような場所は避けましょう。Wi-Fi環境が整っているからとはいえ、カフェやファーストフード店で受験することはお勧めしません。

ダイニング等で受験することも考えられますが、面接の時間に人やペットの出入りがないように準備をしておいてください。

また、自分の部屋で面接を受ける場合、その背景に自分の部屋だと特定されるものが映り込む可能性があります。バーチャル背景の使用の可否は大学によって異なりますので、その指示に従ってください。

また、部屋には誰も入れず、一人で受験するように促されます。そのため、大学から面接実施以前に部屋の確認を求められることがあります。仮に誰かを入室させた場合、不正行為とみなされる可能性がありますので、十分注意してください。

オンライン面接の攻略

94 | 事前準備（2） 画面越しに自分をどう魅せるかを意識する

オンライン面接のときの目線に注意

　通常の面接と同様、面接官にどういう印象を与えたいのかを意識することが大事です。そのなかで意識したいことのひとつは**「面接官への目線」に気を配るということ**です。

　オンライン面接の場合、カメラのレンズに目を向けると、面接官に対して真正面に向いているように見えます。画面に映る面接官の顔に目を向けると、面接官に映る映像では目を逸らした見え方となるので、注意したいところです。

　とくに、ノートパソコン内蔵のカメラを使用する場合、顔を下から覗き込むような絵面になりがちです。少し顎を引きながら話したり、カメラの位置を調整したりしながら、**真正面を向いて話している印象**になるように心がけましょう。

照明や外部の明るさにも気を配ろう

　近くに窓がある部屋で面接を受ける場合、午前中と午後で太陽の光の入り方が変わることがあります。北側に窓がある部屋であれば大きな変化は起こりにくいですが、東・南・西から光が入る場合は、太陽の影響を受ける場合があります。できれば面接の時間に合わせて光の状態を調整して、面接に臨みたいところです。カーテンで光を遮ったり、部屋の電灯をつけたりしながら、自分の顔が明るく見えるように調整し

ましょう。

　また、後ろから光を浴びるような構図の場合、自分の顔が暗く見えてしまうことがあります。自分の顔を明るく見せるように、前から照明を当てたり、顔の下側に白い紙を置いてレフ板（撮影の被写体に光を反射させる板）の役割をもたせたりすることも検討しましょう。

スピーカーとマイクの入念な準備をしよう

　スピーカーと自分の声を拾うマイクも意識したいところです。スマートフォンやタブレット、パソコン内蔵のマイクで声を拾う方法も考えられるのですが、同時に内蔵のスピーカーで音を聞こうとすると、そのスピーカーの音を内蔵のマイクが拾ってしまい、相手側にはその音が聞こえてしまうことがあります。つまり、面接官の立場からすると面接官自身の声が少し遅れて聞こえてしまう、キミの立場からすると自分の声がスピーカーを通して遅れて聞こえるという現象が起こります。時には、スピーカーの音をマイクが拾い、拾った音をスピーカーから流れ、またマイクが拾うという事態が起こり、ハウリング（「キーン」「ブーン」というノイズ音が聞こえてしまうこと）が発生することがあります。

　問題はスピーカーの音をマイクで集音することにあるので、それを防ぐためにはいずれかの対応をする必要があります。

❶ マイクがスピーカーの音を拾わないようにすること

❷ スピーカーから音を出さないようにすること

　対処法としては、マイク付きのイヤホンやヘッドホンを準備することが考えられます。もしくは、音声はヘッドホンで聞き、マイクはスマートフォンやタブレット、パソコン内蔵のマイクで拾うという方法もあり得ます。

発言のときのマナー

　通信状況に支障がないときは、ミーティングルーム入室時はカメラをオン、音声はオフにしておきます。万が一、映像が止まったり、音声が途切れたりした場合は、面接官に速やかに「通信状況が悪い」ということを伝えてください。対応としてカメラをオフにするように指示されたり、チャットで回答するように求められたりすることがあるかと思いますが、面接官の指示に従ってください。

　音声については、発言のたびにマイクをオンにし、発言が終わったらオフにするという習慣をつけてください。場合によっては、面接官からマイクをオンにし続けるように指示があるかもしれません。

　時折、マイクをオフにしながら話し続けてしまうことがありますが、面接官から「マイクをオンにしてください」と指摘をしてくれることがほとんどですから、そのときに対処すれば問題ありません。

第3章　キミは自分をどう魅せるか？

オンライン面接でも基本は制服で

　オンライン面接に臨む場合、大学側から指定がない限りは制服着用がよいでしょう。制服がない場合は、シャツを着用するなど、**フォーマルな印象を与えるものが望ましい**です。

　ただし、大学側に与える印象を変える必要があるなど、意図がある場合はこの限りではないと私は思います。たとえば、通常の面接でも課外活動をやってきた場合にそのユニフォームや公式Tシャツを着る受験生がいます。志望理由や自己アピールと関連性があり、面接官にその活動をアピールしたいという意図があり、制服を着用しないリスクを負う覚悟があるのであれば、チャレンジしてもよいのではないでしょうか。

部屋のなかをどう見せるのかも意識する

　オンライン面接は、画面のなかがすべてアピールの場面であることを意識するとよいでしょう。自分の後ろにある背景が与える印象も演出するという判断もあっていいと思います。たとえば参考になる書籍を書棚から取り出してアピールすることもできます。関わったイベントのポスターを貼っておけば、そのポスターの解説を加えることもできます。自分の趣味の作品を置けば、そのアピールもできます。

　ただし、大学から「画面の背景には極力物を置かないようにすること」など、指定が入る場合がありますので、そのときは指示に従ってください。

201

オンライン面接の攻略

95 | 事前準備（3）オンライン面接をもっとクリエイティブに

もっと楽しく、ワクワクする面接にしよう

アメリカの学習研究者であり、プログラミング教材「Scratch」や「LEGO® MINDSTORMS®」の基礎をつくったミッチェル・レズニック氏は、創造性のことを「日々の生活において、その時々の状況に対する新しい方法を見出すこと」と述べています。誰にも考えつかなかった新しい発明や発見をすることだけでなく、自分の生活にとって新しい方法を思いつくことも創造性だといいます。オンライン面接はまさに大学入試の新しい局面ですし、新しい方法を思いつくきっかけでもあります。せっかく臨むなら、**試験がもっと面白くなる方法を考えて、実践する機会として捉えるとよいのではないか**と思います。

ただし、どういうツールが使えるのかというところは、大学側の指示に従ってください。

小道具が使えるかもしれない

通常の面接と違うところは、自分の好きなようにアピールする材料を準備できるところです。たとえば、部活動のアピールをするときに、ラケットやバット、ボールを準備しておいて、それを用いてプレゼンテーションが行えます。3Dプリンターで作成した試作品（プロトタイプ）を示すこともできま

202

す。自分が育ててきた朝採れ野菜を見せることもできますし、その収穫の様子を写真や動画にしてタブレットで見せることもできます。通常の面接とは勝手が違うところを逆手に取り、アピールの幅が広がったと捉えられるということです。

こうした豊かな表現で受験生を見るという機会に恵まれたわけですから、大学側も今までの面接のあり方を超えた試験のあり方を考える機会になるのではないでしょうか。

写真や動画が活用できる可能性もある

たとえばZoomというオンラインミーティングのツールでは、写真や動画を参加者と共有できる仕組みがあります。動画の音声も共有できます。通常の面接では面接官との問答だけで自己表現をしなければならなかったところを、事前にチャートを作っておいて、それに沿って思考の流れを示したり、写真や動画に乗せてプレゼンテーションをしてみたりすることもできるようになります。過去の出来事や、そのときに考えたことは通常の面接ではなかなか言葉で表現しにくいところですが、こうしたツールを用いて表現することができるようになります。

プレゼンテーションのスライドも共有できる

同様に、プレゼンテーションのスライドを共有するアプリを用いることもできるようになります。マイクロソフト社のパワーポイントを用いて、たとえばレーザーポインター機能

を用いて説明したり、ペン機能で文字を書き込んだり、蛍光ペン機能で線を引いたりすることもできます。

他には、ブラウザ上で機能するGoogleスライドもそうした機能を備えています。事前に面接に備えて材料を用意しておくことができるということです。ウェブのサービスは無料で使用できることが多いので、活用できるかどうかをいろいろ試してみるとよいでしょう。

ブラウザも共有できる

そして、ブラウザの共有ができることがありますので、ブログやSNS、クラウド上で積み重ねたポートフォリオ（複数の書類や文章や作品を蓄積したショーケースのこと）を見せながら話すこともできます。自分が関わった課外活動のサイトを紹介するなど、使い方はいろいろと考えられます。

通常の面接であればこうした材料を持っていくことすら許されないケースがほとんどでしたが、オンライン面接ではそうしたことも可能になります。

ホワイトボード機能も活用できる

また、たとえばZoomではホワイトボード機能というものもあります。画面上でホワイトボードのように文字を書いて、説明することもできます。マウスで文字を書くのは難しいですが、たとえばタッチパネルを用いて画面に絵や文字を書けるタブレットやパソコンを使っているのであれば、有効な手

段のひとつです。

　言葉の表現が苦手な受験生も（口頭での表現は訓練してほしいですが）、こうした**ツールの力を借りて、自己アピールを最大限にできるように準備できるところが、オンライン面接の大きな利点**です。

オンライン面接の攻略

96 オンライン・プレゼンテーションの ポイント

プレゼンテーションは 創造を誘発するものである

　プレゼンテーション（presentation）の語源は「プレゼント（present）」に由来するといわれています。誰に対するプレゼントかという話は「スピーカー（プレゼンテーションをする人）がリスナー（聴き手）にプレゼントするつもりで言葉を紡ぐ」「リスナーがスピーカーに大事な時間をプレゼントする」など諸説あります。

　一方、創造システム理論を研究する井庭崇氏（慶應義塾大学）と井庭研究室が制作した『プレゼンテーション・パターン』には「プレゼンテーションとは、単なる伝達ではなく、創造の誘発である」と記されています。スピーカーがリスナーに最も届けたい事柄は何かということももちろん大事ですが、そのプレゼンテーションによってリスナーが考えを深めたり、行動を起こしたりすることを誘うことが大切だし、そうしたプレゼンテーションのデザインをすることがスピーカーの役割だといいます。

　プレゼンテーションが単なる情報の伝達を超えて、リスナーとスピーカーが相互に自分がもつ経験や言葉をプレゼントし合い、そのなかで新たな発見や発想を生み出し続けるように準備することが大切だということです。

最も伝えたいことは何かを明らかにする

プレゼンテーションの肝は「何を伝えたいのか」を絞り込むことです。たとえば、志望理由では「なぜ学部・学科・志望校を志望するのか」、自己アピールならば「あなたを象徴する言葉は何か」、研究発表であれば「独自のリサーチクエスチョンと結論は何か」、地域探究発表であれば「どういう地域の課題をどう克服したか」といったことになるでしょう。

もっと深掘りしたいならば、「学部・学科・志望校を選んだ根底にある私の『価値観』は何か」「私を象徴する言葉に潜む『価値観』は何か」「リサーチのなかで最も大事にすべき『価値観』は何か」「地域課題を克服するときに大切にしてきた『価値観』は何か」など、それぞれの根底に潜んでいる、キミが大事にしている価値（善悪、モノの良し悪しを判断する基準、どういうことに価値があるか／ないか）は何かを探って示すことも考えられます。

プレゼンテーションは提供する情報も大事ですが、キミの価値観を伝えることは、新たな発見を生むことになるでしょう。リスナーは自分の価値観とすり合わせて、「そのとおりだ」と共感したり、「ここは違うのではないか」と批判的に捉えたり、「これを掛け合わせると面白いかも」と融合させたりします。

ストーリーラインをつくろう

　プレゼンテーションにおけるストーリーラインをつくりましょう。同じ内容を伝えるにしても、その順番や組み合わせによって、伝わり方が変わります。大切なのは、以下の2点です。

❶ 筋道立てて話が伝わるようにすること（論理的に伝えること）

・ストーリーの全体像（地図）を示す

・パートの位置づけなど、リスナーがどこの話を聞いているのかがわかるようにする

・自然な流れに逆らわない

・論理を飛躍させない（「なぜそうなるの？」と疑念をもたせないよう、事前に「リスナーはどういうことを聞きたくなるのか」と予想される疑問を想定して回答しながら、ストーリーを組み立てる）

❷ リスナーの心に訴えかけ、印象を残すこと（感情的に伝えること）

・取り組みに対してどれだけの熱意をもって取り組んだのかを伝える

・リスナーが驚き、興味を持続してくれるようにする

・失敗も成功も自分の糧にしてきたことを伝える

・抑揚をつけて話す

・大切にしたい「価値観」を伝える箇所を設ける

208

第 3 章　キ ミ は 自 分 を ど う 魅 せ る か ？

ストーリーの展開のパターン（１）
論理的に伝えること

　プレゼンテーションのストーリーを「論理的に伝えること」
を意識してパターン分けすると、おおよそ以下の流れとなる
ことが多いのではないかと思われます。どれを選択するかは、
プレゼンテーションの内容によりますので、参考にしてみて
ください。

❶ 意見（結論）− 事実 − 意見の重要性・問題性 − 展開
　：**標準型**

❷ 意見（結論）− 理由① − 理由② − 理由③ − 意見（結論）
　：**サンドイッチ型**

❸ 問題提起 − 要因分析 − 解決策 − ネクストアクション
　：**問題提起・解決型**

❹ はじめに（現状・背景→先行研究のクリティーク→自身のリ
　サーチクエスチョン）− 研究方法 − 結果 − 考察 − お
　わりに（結論→本研究の限界と今後の展開）
　：**研究発表型**

　大学入試での課題発表だと❶❷、地域探究や課題探究など
のアクションが伴う場合は❸（問題提起・解決型）、研究発表
の場合は❹の使い勝手がよいように思いますが、どの流れが
よいかは実際にストーリーラインを組み立てて、検討すること
とをお勧めします。

209

ストーリーの展開のパターン（２）
感情的に伝えること

　一方、「感情的に伝えること」を意識したパターンもあります。米国バーモント大学のアンドリュー・レーガン氏のチームが、オンライン図書館にあるフィクション作品をテキストマイニングし、最終的に主なストーリー展開のパターンは6種類しかないと結論づけました。

❶ ひたすらハッピー
　：ありがちな立身出世物語

❷ ひたすらアンハッピー
　：「ロミオとジュリエット」

❸ ハッピー→アンハッピー
　：ギリシャ神話の「イカロス」

❹ アンハッピー→ハッピー
　：ありがちなスーパーヒーローもの

❺ アンハッピー→ハッピー→アンハッピー
　：ギリシャ悲劇の「オイディプス王」

❻ ハッピー→アンハッピー→ハッピー
　：「シンデレラ」

　よくありがちなプレゼンテーションは、延々と自分の成功例を述べ続けてしまう❶のケースです。しかし、多くの取り組みはそんなに成功し続けるわけでもなく、逆に言えば成功できるような仕掛けがなされていた（大人のお膳立てがあった）

210

かのように映ることがあります。探究や研究活動には失敗がつきものですし、アンハッピーなことがあってもよいし、その経験を振り返って何を学び取ったのかに気づける人のほうが魅力的に映ります。

また、❶❷は抑揚がないストーリーですし、メリハリがつきにくいように思います。

一方で、❷❸❺のようにアンハッピーな筋書きで終わる、ディストピアで絶望、という筋書きもどうなのだろうと思います。未来はまだ続くわけですから、これからどう本質をつくり上げていくのかということを前向きに考えるというのも大事だと思います。

ということは、❹❻（ハッピーとアンハッピーの繰り返しの末に、ハッピー（ユートピア）を目指す）の流れがよくありそうな印象を受けます。それぞれの「ハッピー」「アンハッピー」のときに得たものを、いかにリスナーに届けるのかを明確にしておくとよいでしょう。なお、私がプレゼンテーションをするときは、「ストーリーそのものに抑揚をつけよう」と意識しています。割と多いのは絶望から希望への繰り返し、❹の繰り返しのパターンです。

そして、ハッピーな場面では喜びや嬉しさや希望を明るくはっきりと述べ、アンハッピーな場面では苦しみや怒りや絶望を重くもしくは切なく表現する、ということが考えられます。

ちなみに、映画『君の名は。』で有名な新海誠監督はこう

したストーリーラインを「感情グラフ」として書き上げ、脚本執筆時の指針としています。インターネットで画像検索すると「感情グラフ」を見ることができますが、ハッピーとアンハッピーの連続で物語がつくられていることがわかります。ストーリーに抑揚をつけるということの大切さに気づけると思います。

見やすい資料づくりを心掛ける

プレゼンテーションでは資料を提示するように求められることがあります。パワーポイントなど、プレゼンテーションソフトを用いたり、ポスター制作をすることが必要になったりする場合があります。

基本的には「書きすぎず、書かなすぎない」ことが大切です。目安は「一目で見ておおよそ内容が把握できるか」です。文字を詰めすぎると内容が伝わりにくいし、逆に1行でキャッチコピーを示したとしても、伝わらないこともあります。いずれも言葉で説明すればよいという判断もあり得ますが、口から発する言葉は消えてしまうという特性がありますし、準備したスライドやポスターをリスナーが振り返るときに内容が思い出せずに書かれている内容がわからなくなるということも起こります。資料として残しても意図を振り返ることができるくらいまで、内容を精錬することが大事です。

そして「図表を上手に用いる」ことも意識しましょう。全体像が把握できるような図があるとわかりやすいでしょう。

円グラフ、棒グラフ、折れ線グラフ、帯グラフ、散布図、箱ひげ図、フローチャート、レーダーチャート、ロジックツリー、マインドマップ、ベン図など、数多くあります。マイクロソフト社のエクセル（表計算ソフト）を用いてグラフをつくったり、テンプレートにある図表を用いたりするなど、簡単に図をつくる方法はいくらでもありますから、インターネットで検索してつくり方を学んでみるといいでしょう。

自分自身をよく魅せる

プレゼンテーションはスピーカーであるキミの姿で印象が決まります。多くの受験生は、スライドや原稿をずっと見ながら、リスナーに目もくれず、棒読みで話をしています。そういう姿を見て、プレゼンテーションに共感を覚えたり、賞賛を与えてくれたりするでしょうか。内容がいくら優れていても、論理的に表現できていても、そのプレゼンテーションに情熱を感じなければ、魅力的なプレゼンテーションとはいいがたいものです。プレゼントするものは、中身だけではなく、問題や課題、そしてリスナーに向き合う情熱や誠実さもあるのです。

堂々と、多くの人々に目線を向けながら、表現豊かに伝えられるよう、何度も練習をすることが大事です。

オンライン面接の攻略

97 | オンライン・グループディスカッションのポイント

グループディスカッションとは

　グループディスカッションとは、特定のテーマについて集団でディスカッション（議論）を行う形式の試験です。おおよその流れは以下のようになります。

❶ 課題・目的の設定
❷ 現状・原因分析
❸ 解決策の吟味
❹ 結論・アクションの吟味
❺ 発表

　与えられたテーマについて、**どういう目的（why）で、どういう背景や原因があり（why）、どういう方法で（how）、どう解決・行動をしていくのか（what）を「チーム全員で」考えていく**ということです。

グループのメンバーは運命共同体

　チームは運命共同体ですから、**自分のパフォーマンスを最大限にしつつも、他者のパフォーマンスを高めるような対応をすることが大事**になります。一人のパフォーマンスがメンバー全員の評価を下げる可能性もあるし、逆に上げる可能性もあります。自分の主張を押し通し、他者の主張を否定し続ける態度は好まれません。他方、そういう態度をとるメンバー

に対してその点を指摘したうえで、正常な議論の場を取り戻せる人の評価は高まります。

あくまでもグループディスカッションは**「特定のテーマに対して、健全な議論をすること」が最も重要なことであり、自分の主張をアピールする場ではない**ということを念頭に置いておきましょう。

なかにはディベートを求める大学もある

グループディスカッションという名称である以上、テーマに対する問題発見と解決策の提示をする議論を行うことが求められるケースが多いものです。他方、実質的にディベートが求められることがあります。グループ内であるテーマに対して賛成か、反対かでチームに分かれ、議論を戦わせるというものです。

その場合は、自分たちの主張（賛成／反対）の根拠を整理するとともに、相手側の根拠を推測したうえで、相手へ反論する準備をすることが求められます。ディベートが求められる学校の場合は、事前に反論と反駁（再反論）の練習をする必要があります。このあたりは小論文の演習を重ねている人は得意かもしれません。

ブレーンストーミングのルールを援用することも

ブレーンストーミング（Brainstorming）とは、他人同士の頭脳（Brain）を嵐（Storm）のようにかき混ぜるアイデア発想法

です。1938年にアメリカのアレックス・F・オズボーン氏が考案しました。そのさいの4つのルールは、グループディスカッションにも通じるものです。

❶ **出てきたアイデアは批判しない**：批判するとメンバーが萎縮する

❷ **自由に発言する**：和やかな環境づくりをする

❸ **質よりも量を重視する**：微妙なアイデアも歓迎する

❹ **アイデア同士を結合する**：相手のアイデアに乗ってもよしとする

この取り決めをしておくと、場を和やかにしやすくなり、安心・安全の場づくりを行う土台となります。そして、以下にある「発散」「収束」や「対話」が行いやすくなります。

まずは傾聴が大事

メンバーが意見を言っているときは、**しっかりと相手のほうを向き、話に耳を傾けます**。時には話を聞いていることを表現するために頷くことも大事です。要は「あなたの話を聞いているよ」と、心と体を傾けることを「傾聴」といいます。この傾聴の姿勢は、メンバーみんなが意見を言い合える関係性をつくるときには欠かせません。最初は緊張感があり、時には敵対心が剥き出しの人、姿勢が悪く不遜な態度に見える人もいます。そうしたなかで、安心して自分の意見を交わせる場にするためには、とにかく相手の話を聴き続けることに尽きます。傾聴は「この人は話を聞いてくれる人だ」という

意思表示でもあるので、相手との信頼関係を構築することにつながります。

発想の基本は「発散」「収束」

グループディスカッションの基本は、みんなで**「発散（考えられることをすべて吐き出すこと）」**することです。たとえば214ページの「❶課題・目的の設定」であれば、「このテーマについて、どういう課題が考えられますか？」などと語りかけ、メンバー全員で付箋やメモで思いつく限り書き出して、全員でシェアします。そうした道具がない場合は、参加者全員から話を引き出し、書記が板書やメモに残します。

その後、**「収束（発散したものをまとめること）」**をします。似ている意見を集約したり、優先順位をつけたりします。ここでも肝心なのは参加者全員でその手続きを踏んでいくことです。

やり方として、個人ワークで数分間「発散」し、その後全体でシェア、カテゴリー分け、そして全体で「収束」という流れが一般的かと思われます。

グループディスカッションは「対話」による創造の場

こうした発散と収束の過程で、「対話」を促します。自分が考えたことをメンバーに話し、メンバーはそれを受けて発言する、ということを重ねていきます。メンバーは全員違う環境下で暮らし、異なる経験をしていますから、もっている

知恵や知識は異なります。他者からの言葉を受け、自分の知恵や経験を重ねて、メンバーに自分の言葉として語り掛けます。これが繰り返されると、「こんなことを発見した（気づいた）」ということが生まれ続けます。こうした発見が連鎖すると、「こういうことができるかもしれない」「こんなアイデアがあった」ということが生まれやすくなります。メンバー全員に意見を促すのは、対話に関わる人が増えるほどこうした創造性を生む可能性が高まるからです。

　もしメンバーのなかに話がしにくそうな人がいたら、積極的に意見を求めてみましょう。誰も取り残さないようにする場をメンバー全員でつくることが大事です（最初にそういう場にすることを合意形成しておくことも大事です）。

「どの役割につくと有利か」という神話を超えて

　グループディスカッションにまつわる「神話」は巷に溢れています。「司会をやったほうが有利」「書記がいい」「相手の主張に反論するといい」という類のものです。たしかにそうしたポジションを獲得し、そのポジションに合わせたトークを展開することがよいという側面も否定しません。

　しかしながら、私はあえて「みんながフェアになるように、全員が心がけよう」ということを言っています。

　グループディスカッションの場でよく起こるのが、発言する力（声の大きさ）が強い少数が議論を重ね、他の人々がそれに追随するというものです。こうした場では、多くの場合「建

前」と「本音」が生まれます。少数の意見に賛同するものの、実は本音ではそれに賛同しない。それで健全な議論といえるのでしょうか。

メモを取るのも、一方的に主張を展開する人をたしなめるのも、あえて意見をクリティークするように促すのも、みんなでやればいい。

その場に参加する人々全員の意見を持ち寄って、よりよい解（最適解）を導くことが大事です。そのためには、メンバー全員が意見の優先順位をもっていること、優先順位の高い意見を共有すること、優先順位の低い事柄は採用されなくてもいいと捉えること、という要件を満たす必要があります。

私としては、ポジションを取ることは「受験戦略上」必要な場面もあると理解するけれど、その意図が丸見えなので、そういう受験生にあざとさを感じてしまいます。そうではなく、**ともに課題に真正面から取り組もうとする場づくり、メンバー全員の存在を認め合うような関係性をつくることが大事**ではないかと思います。

役割を果たすなら

水平思考（ラテラルシンキング）を提唱したエドワード・デ・ボノ氏が1985年に「シックス・ハット法（Six Thinking Hats）」という発想法を考案しました。この方法はグループディスカッションを有意義なものにするには有効です。

各々のメンバーに、以下6色の帽子を被ってもらいます（入

試会場には帽子はないので、被ったつもりになってもらいます）。

❶ 白色の帽子：客観的・中立的な視点　事実を確認したり、検討に必要なデータを求めたりします

❷ 赤色の帽子：感情的・直感的な視点　事実やデータに隠れた感情を見つけます

❸ 黄色の帽子：積極的・希望的な視点　テーマの長所を楽観的にポジティブに考える

❹ 黒色の帽子：批判的・消極的な視点　テーマの問題点や論理的矛盾、不安材料、リスクを考える

❺ 緑色の帽子：革新的・創造的な視点　黒色の帽子で出たネガティブ要素を乗り越える改善策を考える

❻ 青色の帽子：分析的・俯瞰的な視点　ディスカッション全体の流れを俯瞰し、次に何をすべきかを確認したり、結論を出したりする

　シックス・ハット法だと、普段とは違う自分を「演じる」ことになります。仮にメンバーから批判的な意見を受けたとしても、演技している自分に対する指摘だと捉えることができます。そして、普段立たない視点からテーマを見つめることになり、新しいアプローチが考えやすくなります。また、6色の帽子のおかげで、異なる視点をもつことによって思考の切り替えがしやすくなるというメリットもあります。

　なお、黒色の帽子を被るということは、前述の「ブレーンストーミングのルール」の「❶出てきたアイデアは批判しない」に抵触することになりますが、ここはグループディスカッ

第3章　キミは自分をどう魅せるか？

ションのメンバーのなかで了解を取ればよいでしょう。

あえてクリティカル（スペキュラティブ）に攻める
ディスカッションがあってもいい

　通常は、テーマに関わる人の「ニーズ」を探り、問題を「発見」し「解決」するという流れでディスカッションが進んでいくものだと思われます。とくにブレーンストーミングの4つのルールを守ると、そうなりがちです。一方で、さきほどの「青色の帽子」「黒色の帽子」「緑色の帽子」を中心にディスカッションを展開すると、面白い流れになる可能性があります。ニーズから問題発見・解決の様子を俯瞰し（青色の帽子）、その状況を批判的（クリティカル）に捉え（黒色の帽子）、それを乗り越える改善策を考える（緑色の帽子）、という流れができます。つまり、問題解決を超えた「問題提起」をする展開ができるということです。

　こうした世界にあえてチャレンジするディスカッションがあってもよいように思います。そもそも採点者は研究者（科学者）であり、常に研究対象にクリティカル（スペキュラティブ）な視点を向けています。他のチームが無難に収めていくなかで、問題解決されたと思われる世界と「あるべき未来」を照合し、その世界のなかにはまだ「問題」が潜むことを指摘するという視点は、未来志向的な視点で非常に興味深い議論に感じます。

221

オンライン面接の攻略

98 | 自己アピール動画のポイント

採点者によい印象を与えることを大事にしよう

　出願のさい、自己アピール動画を提出することを求められることがあります。動画の時間は1分から、長くて5分程度と短い時間ですから、内容もさることながら採点者に与える印象をよくするように心がけてください。目指すは「品格のある高校生」です。「40　同じ返答内容でも伝え方で結果は変わる！」から「43　「間」を上手に使いこなす〈発展編〉」、「83　「見た目」で評価が変わる！」から「86　だらしない「お辞儀」はNG」を参考にするとよいでしょう。

撮影の条件を吟味しよう

　動画撮影に慣れない場合、室内で、自然光のもとで撮影するとよいでしょう。色の濃い制服を着用するならば、背景は明るい色（白が無難）がお勧めです。もちろん屋外や、雑然とした背景のもとで撮影することも意図がある場合はかまいません。

　なお、動画撮影レベルを高めたいならば、①ビデオカメラを水平に保つ、②手振れを防ぐ（手振れ補正機能、三脚、ジンバルを用いるのもよい）、③レンズに近づいて被写体（自分）を画面いっぱいにすることが考えられます。他にもウェブで「動画　撮影　テクニック」というキーワードで探すと、テクニッ

クについて色々と学ぶことができます。

　もちろん、録音についても注意します。静かな場所で収録する、場合によってはマイクを利用するといった判断が必要になるかもしれません。

基本パターンは「意見→理由→展望」

　自己アピールの流れをつくるとき、初心者であれば以下の3点の順にシナリオを作成してみるとよいでしょう。

❶ 簡潔にアピールポイントを示す（意見）

❷ ❶を具体的はどういうものか、なぜそのアピールポイントが大切といえるのか（理由）

❸ アピールポイントを大学入学後にどう活用しようと考えているのか（展望）

　このとき、10秒単位で動画を撮影し、繋ぎ合わせる前提にしておくと、収録時間の管理がしやすくなります。動画が1分の場合、❶を10秒、❷を10秒×4本、❸を10秒、合計6本の動画を準備します。例えば、簡潔な自己アピール、教室での様子、部活動での自分、課外活動の自分、友人に語ってもらった自分のこと、将来像などと並べます。そして、最後に動画を繋げるとショートムービーの完成です。

色々なアピール動画があっていい

　動画の編集ができるのであれば、アレンジが効いた動画を撮影することができます。例えば、10秒ずつの動画を複数

撮影し、それらを繋げるといった方法を取ることが考えられます。また、タブレットを用意し、自分の写真を貼り込んだスライドを作成し、スライドの中にタッチペンで文字を書き込みながらシナリオを語り、その様子をタブレットの録画機能を用いて収録するという方法もあり得ます。

　動画の編集が可能なのであれば、アレンジも色々と考えることができます。楽しんで自己アピール動画の撮影に臨んでみてください。

第 3 章　キミは自分をどう魅せるか？

実際の面接の様子を覗いてみよう

　キミと同じように面接試験の対策をしてきた先輩（山田さん：仮名）が、勇気と信念をもとに、思いを語ってくれました。
　その様子を見てみましょう。

面接官A　それでは、面接試験をはじめます。では、志望動機を聞かせてください。

山田さん　はい。私は身近な生物に含まれている成分を分析し、医薬品に生かす研究をしたいと考えています。とくに、身近な植物には、まだ発見されていない成分や薬効成分がわからない物質が含まれています。こうした物質の発見に携わることができれば、新たな医薬品を生み出し、病を治す手助けができるのではないでしょうか。そのためには、薬学の知識や医療従事者としての姿勢とともに、薬学研究を進めていく場が必要です。こうした植物からの創薬に力を入れているのが、○○大学の○○研究室です。将来、私が薬学研究者として活躍するための力を身につける場として、最も適していると考え、こちらの薬学部薬学科を志望しました。［★1］

　　　　　―面接官Aは笑顔だが、面接官Bは首をかしげる―

面接官B　でも、植物からの創薬はほかの大学でもやっているよね。△△大学や□□大学もあるよ。なぜわざわざ○○大学を選んだの？［★2］

山田さん　私は植物の有効成分について探りたいと思っています。その研究が進んでおり、化学成分を分析して品質評価を行う手法を開発している○○先生がいらっしゃる○○大学を選びました。△△大学では品質評価の手法を研究する先生がいらっしゃいません。□□大学は生薬についての研究は盛んですが、植物に焦点を当てて研究なさって

第 3 章　キミ は 自分 を どう 魅せる か ？

いる先生がいらっしゃいません。[★3]

面接官B　なるほど。よく調べていますね。

山田さん　私の人生のなかでも大きな選択ですから、慎重に調べて
選びました。

面接官B　そうですか。そういう姿勢は大切だと思いますよ。

山田さん　ありがとうございます。

―面接官Bは納得した顔をする―

[★1]ここまでで、おおよそ1分半程度話しています。分量としては問題ありません。ポイントを押さえて、志望動機を述べています。[★2]面接官からツッコミが入りました。このように、回答に対して反論されることはよくあることです。[★3]他の大学と比較しながら、志望校の選択理由を述べています。調査の賜物です。

面接官A　では、私から。なぜ植物にこだわるのですか。[★4]

山田さん　はい。私はアトピー性皮膚炎とアレルギー性鼻炎と診断
され、子どもの頃から漢方薬を処方されていました。で
すから、生薬には馴染みがありました。そうしたとき、
医薬品の成分が植物から得られることに興味をもちまし
た。家にあった『自然の薬箱』という自然薬の百科事典
を眺めるのが楽しかったことを覚えています。オープン
キャンパスで〇〇先生に植物からの製薬に関するお話を
伺ったとき、植物にはこうした成分が解明されていない
ものが無数にあることを知り、胸が躍ったことを思い出
します。今後はヒトゲノムの解析により、一人ひとりに
合った処方が求められる時代になると思います。そうし
たとき、植物の効能を化学的に示すことができれば、よ
り多くの人に合った薬品を使ってもらえるのではないか
と考えました。だから、植物からの創薬にこだわってい
ます。[★5]

―面接官Aは笑顔で聞いている―

面接官A　なるほど。

面接官B では、私から質問します。温湿布の成分のなかに、唐辛子のある成分が含まれているのは知っているかな。名前を挙げてごらん。[★6]

山田さん カプサイシンだったと思います。

面接官B そうだね。では、炎症止めにはアロエの成分が含まれているけれど、その成分の名前は?

山田さん ……申し訳ありません。わかりません。[★7]

面接官B アロインというんだよ。知らなかった?

山田さん そうなのですね。勉強不足でした。でも、そういう成分を学ぶのは楽しいです。早速、書籍を読んで勉強してみます。ありがとうございました。[★8]

面接官B がんばってね。私からは以上です。

——面接官Bはほほ笑んでいる——

[★4]これも面接官からのツッコミです。このような志望理由を掘り下げる質問は頻出です。具体型の質問ですね。[★5]粘り強く回答しています。体験を盛り込みながら、しっかりと説明できている点が評価できます。また、好きな書籍を交えて説明しており、薬学への強い興味をアピールしています。[★6]学科への興味・関心の度合いを試す質問です。こうした質問に対応するためには、日ごろから書籍を読んだり、インターネットで調査したりして、学習を積み重ねなければなりません。[★7]わからないときは、率直にわからないことを伝えましょう。クッション言葉を用いて答えている点はよいですね。[★8]質問に答えられなかった点をうまくフォローしています。前向きに回答して、面接官によい印象を与えることができています。

面接官A では、私からもう少し質問します。あなた自身をアピールしてもらえますか。

山田さん はい。私は部活動のなかで、観察する力を身につける努力をしてきました。私は吹奏楽部に所属し、トロンボーンを担当しています。金管楽器はマウスピースを使って音を鳴らしますので、たとえば口のなかに口内炎ができていたり、唇が腫れていたりすると、いつもどおりのアンブシュアができず、音程の狂いが生じたり、ハイトー

第 3 章　キミは自分をどう魅せるか？

ンが出せなかったりします。私はパートリーダーでしたので、そういった状況の良し悪しは、みんなの音を聞いて把握していました。音がか細く、ハイトーンができていないならば、唇の腫れを疑いました。そうした場合、氷枕を準備したり、練習メニューを調整したりして、元通りの唇に戻るようにいろいろと手当てしたことを覚えています。吹奏楽は集団で取り組むものですから、全体のサウンドを保つためには、こうした気配りが欠かせません。ただ、こうした観察力は経験を積み重ね、人を観察しなければ身につかないと感じています。これからも経験を大事に、そして、人への気配りを大切にして、この力をさらに養いたいと思います。[★9]

―面接官Aは納得した顔をする―

面接官A　なるほど。その観察力、わが大学で生かせますか。[★10]

山田さん　はい、もちろんです。植物からの創薬には観察力が欠かせません。時間はかかると思いますが、経験を重ね、じっくりと植物と向き合おうと思います。[★11]

―面接官Aは笑顔になる―

面接官A　がんばってくださいね。では、面接を終了します。結果は〇月〇日に発表になります。お疲れさまでした。

山田さん　はい、ありがとうございました。

[★9]自己アピールの基本どおりに回答しています。経験者にしかわからない内容も丁寧に説明し、どういった工夫や努力をして長所を得たのか、しっかりと説明できています。
[★10]長所を大学での学びに生かせるか、という質問は比較的よくされるものです。
[★11]上手に回答しています。好感のもてる回答です。

229

実際の面接の様子を覗いてみよう

　もうひとり、先輩（木村さん：仮名）の様子を紹介します。私が話を聞いたかぎり、最も厳しい状況に追い込まれた事例のひとつです。

面接官A　では、面接を行います。早速ですが、志望動機を聞かせてください。

木村さん　私は今までソフトテニスを6年間続けてきました。部活動では部長となり、県のチームのリーダーにもなりました。その取り組みのなかで、メンバーのモチベーションを高めようといろいろな取り組みを進めてきました。しかし、そのとき気づいたのは、メンバーではなく、リーダーのモチベーションの低下が問題だということでした。メンバーの人間関係や能力をどう高めるかということに心を砕くのですが、その本人はモチベーションが上がらない。私も「何のためにこの取り組みをしているのだろう」と疑問を抱くことが多々ありました。そのとき、チーム全体のパフォーマンスを上げるには、実はリーダーのモチベーションを上げることが必要だと気づいたのです。私はそうした取り組みを行える場所を探してきました。経営学、社会学、心理学など、いろいろと候補がありました。そのなかで、スポーツ心理学とコーチング学をもとにして手法を開発でき、最先端の研究環境でその教えを受けることができる貴学が最もよい学びの場だと考え、志望しました。[★1]

　―面接官A〜Cは目を合わせようとしない―

面接官A　わかりました。具体的にどういう手法を考えているの？ [★2]

木村さん　グループワークをもとにした研修プログラムを考えてい

第 3 章　キミは自分をどう魅せるか？

ます。自らの行動を日々記録し、どういう行動でどういう感情を抱くのか、傾向を分析します。そして、似たような事例が起こったとき、どういう思考や行動をすればよいのか、シミュレーションをします。同じようなことが起こったときにモチベーションを下げないように、冷静に判断するためです。

面接官Ａ　でも、そこまで手法を考えているのであれば大学でわざわざ勉強しなくてもいいじゃない。[★3]

木村さん　この手法はメタ認知を活用した方法ですが、その思考と行動をデータで分析する必要があります。研修プログラムの成果を数字で把握して、検証をくり返すためです。そのためには適切な指標を設定することが必要ですし、学問的な裏づけも重要です。

面接官Ａ　なるほど。わかりました。私はこれで大丈夫です。

　　　　　―面接官Ａは表情を変えない―

[★1]実際には2分強話しています。若干長いですが、大きな問題はありません。[★2]具体型の質問です。志望動機を戦略的に語る場面で「リーダーのモチベーションを上げる取り組み」を具体的に言わないでおきました。面接官にあえて質問をさせるためです。[★3]転覆型の質問です。大学で学ぶ必要性については、あらかじめ質問を想定して準備しておきました。

面接官Ｂ　では、私から質問をします。最近気になるニュースをひとつ挙げてみて。

木村さん　はい、貿易の自由化についてです。

面接官Ｂ　では、貿易の自由化に関する問題点を5つ挙げてみて。[★4]

木村さん　5つですか……整理しますので、お時間をいただけますか？[★5]

面接官Ｂ　わかりました。いいですよ。

　　　　　―沈黙が15秒間続く―

231

木村さん　では、挙げます。

面接官B　はい、どうぞ。

木村さん　1つ目は、国内の産業を国の一存で保護できなくなることです。

　　　　　2つ目は、国内産業が激しい価格競争に巻き込まれることです。

　　　　　3つ目は、雇用の喪失を招く点です。価格競争は効率化をもたらしますが、一方で人件費の削減をせざるを得ません。

　　　　　4つ目は、関税収入が減ることです。保護貿易をする場合、品目ごとに関税が設定されていますが、その収入がなくなることです。

　　　　　5つ目は、戦争などの緊急事態が起こったとき、特定の品目を輸入に依存していた場合、その品物が手に入らなくなる恐れがあることです。

面接官B　はい、わかりました。結構です。[★6] 私からは以上です。

　　　　　―面接官Bは納得した顔をする―

面接官C　志望動機の話に戻るけど、あれ、別にリーダーでなくても、メンバーに対してもできることじゃない？　リーダーに限定する必要はあるの？[★7]

木村さん　はい。それは私の問題意識は「リーダーのモチベーションをどう高めるか」ですから、その解決方法を考えた結果だからです。もちろんメンバーに対しての手法にも応用できると思います。ただし、優先順位はリーダー対象のほうが高いです。

面接官C　なるほど。私からは以上です。

　　　　　―面接官Cは表情を変えない―

[★4] 具体型の質問ですが、理由を5つも尋ねるというハードルの高さが印象的です。高校の学びには直結しない時事問題について尋ね、主体的に学べる人物かどうかを

第3章 キミは自分をどう魅せるか？

フィルタリングしているものと思われます。「成績に関係がなければ学ばない」というように、学びに対する主体性を欠く高校生は案外多いものです。[★5]このように整理の時間をもらうのは、問題ありません。[★6]回答に満足したようです。ここからは推測ですが、おそらく5つ完答することを期待していなかったかもしれません。いくつか答えを出していくなかでキーワードに対する理解が十分にできているのであれば、差し支えなかったものと思われます。[★7]再び転覆型の質問です。回答として「問題・課題を解消する手段を示しているにすぎない」と示している点がよかったと思われます。目的意識や問題意識がブレないようにすることはとても大切です。

面接官A キミは今部活に入っているよね？　うちの大学では研究活動に時間を取られることが多くて、部活との両立が難しいんだけど、部活に入りたい？[★8]

木村さん もちろん研究活動に専念したいです。事前に○○研究室の○○先生に部活との両立ができるかどうかをお尋ねしましたが、配慮してくださるというお返事をいただいています。ですから、部活との両立はできると考えています。

面接官A そうですか。ほかの先生方、ご質問はありますか？
　　　　　―面接官Aは納得した顔をする―

面接官C では私から。うちの大学ではコンピュータの授業が必修なんだけど、コンピュータに触れたことあるかな？[★9]

木村さん はい、あります。AdobeのPhotoshopとIllustratorを少々……。

面接官C そうなんだ。それなりに触れるわけね。アプリは作れるレベル？

木村さん 今勉強中ですが、App Storeの申請の仕方を学んでいるところです。

面接官C なるほど。わかりました。
　　　　　―面接官Cは納得した顔をする―

面接官A では、これで面接を終わりに……。

面接官B ちょっと待って！　最後に質問をします。少子高齢化の問題点を5つ挙げて！[★10]

233

木村さん　わかりました。

　　　　　１つ目は、生産年齢人口が減少し、経済の規模が縮小することです。

　　　　　２つ目は、生産年齢人口が減り、税収が減少することです。

　　　　　３つ目は、介護従事者が減少し、介護負担が増えることです。

　　　　　４つ目は、医療費を含めた社会保障費が増加することです。

　　　　　５つ目は……うーん……。

面接官Ｂ　５つ目は？

木村さん　……男性が頑張らないことです！[★11]

　　　　　―全員爆笑―

面接官Ｂ　わかりました。では、結果をお待ちください。面接を終了します。お疲れさまでした。

木村さん　ありがとうございました。

[★8]学業と課外活動の両立について尋ねられることがあります。入試の形態によって回答が異なります。スポーツ推薦の類の場合には「両立できます」とその意思を伝えましょう。そうした試験形態ではない場合、回答例のように事前に大学側に確認するか、「学業に専念します」などと学びを優先する旨を伝えましょう。[★9]具体型の質問です。事前にカリキュラムをもとに履修計画を立てているのかを尋ねつつ、主体性をもって今の時点で取り組んでいるのかを確認しようとしています。ここで「入学後に勉強します」と答えてしまうと、まさに「キャリア設計丸投げ型」であり、学びを先送りし、主体性を欠く印象を与えてしまいます。[★10]貿易の自由化については木村さんが準備したものと感づいたからか、突然時事キーワードについて尋ねています。面接官Ｂは教養の深さという点で疑問を抱いていたものと見受けられます。[★11]5つ目の回答はご愛敬。

第 3 章　ま と め

- ☐ 面接のＡＢＣのＣは「ｃｈａｎｇｅ（デキる自分に変わろう！）」。

- ☐ 面接官は試験会場に入室するときから、キミがマナーを守り、品格ある振る舞いをしているか、観察している。

- ☐ 面接試験は、面接官が抱く第一印象が合否を左右するものだという意識をもとう。

- ☐ 試験会場の入退室の流れをイメージし、立ち居振る舞いの方法を学ぼう。

- ☐ 身だしなみと身のこなし方に注意し、品格のある高校生として振る舞おう。

- ☐ しっかりとした表情で、意志の強さを表そう。

- ☐ 受験１週間前から準備をする。生活のリズムを整え、受験会場まで行く手段と時間を確認する。

- ☐ 受験前日には、天気予報、服装、持ち物、時間を確認する。また、食事・入浴・睡眠に気をつけよう。また、緊張対策も行うこと。

- ☐ 受験当日は、朝食とトイレを済ませ、持ち物と身だしなみをチェックし、早めに受験会場に向かおう。

- ☐ 本書で学んだことを信じて全力を尽くそう。本書を見直し、お守りとして試験会場まで持っていこう。

- ☐ オンライン面接のときは、インターネット環境を整え、使用ツールに慣れるとともに、静かな環境で面接が受けられるように準備しよう。

- ☐ オンライン面接のときは、目線や部屋の明るさ、スピーカーとマイクの調整をしておこう。

- [ ] オンライン面接のときは、カメラと音声のオン／オフに気を配ろう。

- [ ] オンライン面接でも基本は制服を着て臨もう。

- [ ] オンライン面接ならではのアピールの方法が考えられるから、それが可能かどうかを大学に尋ねておこう。

- [ ] オンライン・プレゼンテーションでは、最も伝えたいことを明確にしておこう。

- [ ] オンライン・プレゼンテーションでは、ストーリーラインをつくる一方で、見やすい資料をつくっておこう。

- [ ] オンライン・グループディスカッションでは、メンバー全員が運命共同体のつもりで対話しよう。

- [ ] オンライン・グループディスカッションでは、時間管理を忘れない。

- [ ] オンライン・グループディスカッションでは、メンバー全員が各々の役割を果たそう。

- [ ] 自己アピール動画では、意見→理由→展望の順でシナリオを作ろう。

問題 第3章で学んだ事柄を、絵や図にしてまとめてみましょう。

おわりに

　振り返ってみてください。

　この本を手にするまえのキミと、今のキミ。

　明らかに成長していませんか。

　その成長は、キミが着実に思考をくり広げたから得られたのです。

　そもそも面接試験の対策は、本気になると大変だと思います。

　それは、学問、大学、そして自分と真正面から向き合わなければならないからです。

　その過程で、たくさん調べ物をしたり、書籍に当たったり、インターネットをフル活用したり、オープンキャンパスで情報を収集したり……。

　きっと大変な思いをしたことでしょう。

　悩み、苦しみ、迷い、それでも前に進もうとしたと思います。

　この過程は、必ずキミの糧になると信じています。

　そう言えるのは、同じように頑張ってきた私の教え子が難関・中堅大学に合格した姿を数多く見てきたからです。

　受かる人はズルをする人ではないのです。

　技術をもつ人でも、頭のよい人でもありません。

真剣に学問と人生を考え抜いた人なのです。

ここで面接のABCを習得したキミならば、どんな面接官に当たっても大丈夫。

自信をもって、そして確信をもって、回答できるようになっているはずです。

最後に、面接の秘訣を教えます。

多くの受験生は志望動機や自己アピールを提出書類に書いたとおりに述べ、面接試験までのあいだにもっと学ぼう、探究しようという思いは生まれにくいものです。

だから、キミはその逆をやればいい。出願書類の提出から面接当日に至るまで、どれだけ学び、探究し、成長したのかをアピールしてみてください。

これだけいろいろと考えてきたよ、ここまで調べてきたよ、ということを、存分に伝える。この取り組みで、他の受験生と差をつけましょう。

また、面接官も人間ですから、対話のなかでわかり合える受験生に出会いたいと思っているものです。

ぜひ、面接官とコミュニケーションを取ってください。

そして、思いや考えを伝え、共感してきてください。

もう、棒読みで回答するような真似はしませんよね。

『ゼロから1カ月で受かる　大学入試　面接のルールブック』で、キミは志望動機も自己アピールも真剣に考えてきました。

頻出質問集でさまざまな回答も考えたし、マナーについても初めて学んだことが多いと思います。

試験当日までの準備や立ち居振る舞い、マインドとスキルについても学びました。

あとは、キミ自身を信じるのみ。

キミはこの本で学び、これだけ真剣に取り組んできたではありませんか。

自己や学問と向き合い、未来を見据えて、主体的に学んでいるキミを存分にアピールしてみてください。

きっと、キミなら大丈夫。

これだけ厳しい壁を乗り越えてきたではないですか。

私は、キミが見事合格を果たすことのみならず、自分の手で未来を形づくっていく人、よりよい社会や世界を構築する人になることを、心よりお祈りしています。

キミの「誠実な熱意」が届きますように。

神﨑　史彦

神﨑　史彦（かんざき　ふみひこ）
　スタディサプリ講師、カンザキジュク代表。

　1978年2月10日、新潟に生まれ、横浜にて育つ。1996年に法政大学法学部論文特別入試（現在は廃止）にて合格、翌1997年4月に法政大学法学部法律学科へ入学。大学卒業後、大学受験予備校において小論文講師として活動する一方、通信教育会社および教科書会社にて模擬試験および評価基準策定を担当。のべ7万人以上の受験生と真剣に向き合う中で得た経験や知見をもとに、他の受験生と徹底的に差をつける小論文・志望理由・自己アピール・面接の指導法「カンザキメソッド」を開発した。

　東進ハイスクール・東進衛星予備校等大学受験予備校を経て、現在、リクルートの運営するスタディサプリで講義を担当する一方、多面的評価（面接試験・出願書類・小論文・グループディスカッションなど）の指導を通して早慶上智・国立大・G＋MARCHといった難関大学の合格者を多数輩出する「カンザキジュク」の代表を務める。大阪大学アドミッション・オフィサー育成研修終了。加えて、中学校・高等学校・大学での講義・講演活動・コンサルティングの傍ら、書籍執筆や教材開発を通してロジカルライティングやクリエイティブキャリアデザインの必要性を広める活動を行う。21世紀型教育機構（21st CEO）アクレディテーション（学校・授業評価）メンバー。複数の私立学校でスーパーバイザーを兼任。

　『改訂版　ゼロから1カ月で受かる　大学入試 小論文のルールブック』『ゼロから1カ月で受かる 大学入試 志望理由書のルールブック』（以上、KADOKAWA）、『カンザキメソッドで決める！志望理由書のルール』シリーズ、『大学入試 小論文の完全攻略本』『大学入試 小論文の完全ネタ本』シリーズ、『高校入試 合格を決める！作文・小論文』『高校入試 合格を決める！面接』（以上、文英堂）など著書多数。

改訂版　ゼロから1カ月で受かる
大学入試　面接のルールブック

2020年10月9日　初版発行
2022年8月20日　6版発行

著者／神﨑　史彦

発行者／青柳　昌行

発行／株式会社KADOKAWA
〒102-8177　東京都千代田区富士見2-13-3
電話　0570-002-301（ナビダイヤル）

印刷所／株式会社加藤文明社印刷所

本書の無断複製（コピー、スキャン、デジタル化等）並びに
無断複製物の譲渡及び配信は、著作権法上での例外を除き禁じられています。
また、本書を代行業者などの第三者に依頼して複製する行為は、
たとえ個人や家庭内での利用であっても一切認められておりません。

●お問い合わせ
https://www.kadokawa.co.jp/（「お問い合わせ」へお進みください）
※内容によっては、お答えできない場合があります。
※サポートは日本国内のみとさせていただきます。
※Japanese text only

定価はカバーに表示してあります。

©Fumihiko Kanzaki 2020　Printed in Japan
ISBN 978-4-04-604934-6　C7037